QUESADILLAS KOOKBOEK VOOR ELKE DAG

100 HEERLIJKE EN CREATIEVE QUESADILLAS OM THUIS TE MAKEN

Sebastiaan Martens

Alle rechten voorbehouden.

Vrijwaring

De informatie in dit eBook is bedoeld als een uitgebreide verzameling strategieën waar de auteur van dit eBook onderzoek naar heeft gedaan. Samenvattingen, strategieën, tips en trucs worden alleen aanbevolen door de auteur, en het lezen van dit eBook kan niet garanderen dat iemands resultaten exact dezelfde zijn als de resultaten van de auteur. De auteur van het eBook heeft alle redelijke inspanningen geleverd om de lezers van het eBook actuele en nauwkeurige informatie te verstrekken. De auteur en zijn medewerkers kunnen niet aansprakelijk worden gesteld voor eventuele onopzettelijke fouten of weglatingen die worden gevonden. Het materiaal in het eBook kan informatie van derden bevatten. Materialen van derden omvatten meningen van hun eigenaars. Als zodanig aanvaardt de auteur van het eBook geen verantwoordelijkheid of aansprakelijkheid voor materiaal of meningen van derden.

Het eBook is copyright © 2022 met alle rechten voorbehouden. Het is illegaal om dit eBook geheel of gedeeltelijk te herdistribueren, kopiëren of er afgeleid werk van te maken. Geen enkel deel van dit rapport mag worden gereproduceerd of opnieuw verzonden in welke vorm dan ook, gereproduceerd of opnieuw verzonden in welke vorm dan ook zonder de schriftelijke uitdrukkelijke en ondertekende toestemming van de auteur.

INHOUDSOPGAVE

INHOUDSOPGAVE..3
INVOERING..7
TORTILLA'S VOOR QUESADILLA..8
   1. Maïs Tortilla's..9
   2. Amandelmeel Tortilla's...11
   3. Nixtamal...14
   4. Blauwe maïs tortilla's...17
   5. Gebakken maïsmeelpasteitjes..19
   6. Gorditas en sopes..22
   7. Basismeel Tortilla's...26
   8. Glutenvrije bloem Tortilla's...29
   9. Bruine rijst tortilla's..32
   10. Tortilla's van zoete aardappel of pompoen..35
   11. Zwarte bonen tortilla's...39
   12. Bruine rijst tortilla's...42
   13. Tortilla's met gemengde granen...45
   14. Tortilla's van gierst en quinoa..48
   15. Bloem tortilla's...51
   16. Amandelmeel Tortilla's...53
   17. Veganistische Taco's...56
   18. Koriandermeel Tortilla's...59
WAFEL QUESADILLA..62
   19. Groene Chili Gewafelde Quesadilla's..63
   20. Gewafelde Chorizo-Kaas Quesadilla..65
   21. Santa fe worst gewafeld quesadilla...68
ONTBIJT QUESADILLA..71
   22. Ontbijt Quesadilla...72
   23. Cheesy poblano en spek quesadilla..74
   24. Cheesy Veggie Quesadilla's...77
   25. Quesadilla van BBQ-eend & bospaddenstoelen...80
   26. Snelle en eigenzinnige quesadilla's..83

QUESADILLA'S IN HUIS-STIJL...86

27. Spinazie Kwark Quesadilla..87
28. Quesadilla's met appel en kaas..90
29. Aardappel quesadilla..93
30. Broodjes quesadilla's, piadine en pitabroodjes...............................96
31. Quesadilla's op pompoentortilla's...99
32. Quesadilla's met gegrilde schapenkaas...103
33. Chili en kaas voorgerecht taart..105
34. Quesadilla's met kip en kaas..107
35. Garbanzo quesadillas (quesadillas de garbanzo).........................109
36. Hete & pittige kip quesadilla's..111
37. Landon's quesadilla's..114
38. Pinto bonen en feta quesadilla's..117
39. Quesadilla's van de barbecue..120
40. Italiaanse quesadilla's...123
41. Onmogelijke quesadillataart..126
42. Quesadilla's van aardappelen en geroosterde rode paprika.......128
43. Snelle quesadilla's met kip...131
44. Quesadilla's van bonen en maïs..134
45. Quesadilla's van gerookte runderborst...137

AUTHENTIEKE MEXICAANSE QUESADILLAS...139

46. Quesadilla Luchito-stijl...140
47. Quesadilla's met bonen en varkensvlees......................................143
48. Romige Kip Quesadilla's...146
49. Tofu-Tahini Veggie Wraps..149
50. Gedeconstrueerde Hummus Pitas..152
51. Veganistische Mediterrane Wraps..155
52. Veganistische Shoarma..158
53. Krokante vegan broodjes...161
54. Vegan gevulde koolrolletjes..164
55. Vegan noribroodjes...167
56. Tofu-pitabroodjes met kerrie...170
57. Hummus Veggie Wrap..173
58. Regenboog Veggie Wraps..176
59. Quesadilla's Met salsa..178
60. Quesadilla's met bonen en kaas..181
61. Rundvlees Crunch..184
62. Kippesto..187

63. Perziken en room dessert taco ... 190
64. Spinazie quesadilla's ... 193
65. Quesadilla's met everzwijnworst en rode salsa ... 196
66. Quesadilla lasagne ... 199
67. Quesadilla's van zoete aardappel ... 202
68. Tomaat en kaas quesadilla's ... 205
69. Aubergine, rode ui en geitenkaas quesadilla ... 208

DIPPEN ... 211

70. Zongedroogde tomaatjes Spread ... 212
71. Hummus dromen ... 214
72. Quesadillasaus/dip ... 216
73. Rum appel vulling ... 219
74. Pompoen vulling ... 222
75. Zoete mascarpone ... 225
76. Crème anglaise ... 227
77. Mexicaanse karamelsaus ... 230
78. Ananassaus ... 233
79. Fruit pico ... 235
80. Avocado liefde ... 237
81. Pimiento spread voor broodbeleg ... 239
82. Broodje Tofu ... 242
83. Veggie sandwich spread ... 245
84. Indiase linzenspread ... 248
85. Broodje kikkererwten ... 250
86. Curry bonenpasta ... 252
87. Salade Sandwich Spread ... 255
88. Tofuna Sandwich Spread ... 258
89. Koriandersaus ... 260
90. Mexicaanse groene sofrito ... 263
91. Varkensrub op Mexicaanse wijze ... 266
92. Groentedip ... 268
93. Vallarta-dip ... 270
94. Verse gekruide tomaten-maïs salsa ... 273
95. Guacamole van witte bonen ... 275
96. Zoetzure geroosterde paprika's ... 277
97. Chutney-curry mosterd ... 280
98. Mosterd met sjalotten en bieslook ... 282
99. Verse gembermosterd ... 284

100. Zonovergoten mosterd met citrus..286
CONCLUSIE..**288**

INVOERING

Een quesadilla is een Mexicaans gerecht dat bestaat uit een tortilla die voornamelijk is gevuld met kaas, en soms met vlees, kruiden en andere vullingen, en vervolgens wordt gekookt op een bakplaat of fornuis. Traditioneel wordt een maïstortilla gebruikt, maar deze kan ook gemaakt worden met een bloemtortilla.

Een volledige quesadilla wordt gemaakt met twee tortilla's met daartussen een laagje kaas. Een halve is een enkele tortilla die is gevuld met kaas en is opgevouwen in de vorm van een halve maan.

De quesadilla vindt zijn oorsprong in het koloniale Mexico. De quesadilla als gerecht is gedurende vele jaren veranderd en geëvolueerd doordat mensen met verschillende variaties ervan hebben geëxperimenteerd.

Quesadilla's worden vaak verkocht in Mexicaanse restaurants over de hele wereld.

TORTILLA'S VOOR QUESADILLA

1. Maïs Tortilla's

Maakt 12 tortilla's

INGREDINTEN

2 kopjes (240 g) masa harina, wit of geel

2 tot 3 eetlepels (16 tot 24 g) universeel, ongebleekt of (18 tot 27 g) glutenvrij meel (optioneel)

1/2 theelepel zout

11/4 tot 11/3 kopjes (285 tot 315 ml) warm water (meer indien nodig) of met smaak doordrenkte vloeistof

ROUTEBESCHRIJVING

Klop of roer in een middelgrote kom de masa en bloem, indien gebruikt, en zout door elkaar.

Voeg geleidelijk het water toe en meng met een houten lepel of spatel en handen tot de ingrediënten goed gemengd zijn. Kneed 20 tot 30 seconden tot het deeg soepel is. Het deeg moet vochtig genoeg zijn om bij elkaar te blijven. Voeg indien nodig extra warm water toe, 1 eetlepel (15 ml) per keer.

Verdeel het deeg in 12 bolletjes ter grootte van een golfbal en vorm ze met je handen. Plaats elke deegbal in een kom en dek af met een vochtige handdoek om vochtig te houden.

Pers of rol elke deegbal met behulp van een handmatige tortillapers of deegroller en kook op 2 hete comal of bakplaat. Of pers en rooster met een elektrische tortillapers/broodrooster.

.

2. Amandelmeel Tortilla's

Kooktijd: 5 minuten

Porties: 8

INGREDINTEN

100 g gemalen geblancheerd amandelmeel

4 eetlepels kokosmeel

1 theelepel xanthaangom

1 theelepel bakpoeder

1/2 theelepel zout

1 ei, op kamertemperatuur, losgeklopt

4 eetlepels lauw water

ROUTEBESCHRIJVING

1.Voeg het ei, het amandelmeel, kokosmeel, xanthaangom, bakpoeder, zout en water toe aan een blender en mix tot alles gemengd is.. Wikkel het deeg in plasticfolie en zet het minimaal 10 minuten in de koelkast..

2.Bekleed beide kanten van de tortillapers met perkamentpapier of Ziploc-zakken.. Vorm het deeg in ballen, plaats ze één voor één in de tortillapers.. Druk op om de tortilla's te vormen..

3. Verwarm een gietijzeren op middelhoog vuur.. Voeg de tortilla's één voor één toe en kook ongeveer 15-20 seconden per kant..

3. Nixtamal

Maakt 910 g nixtamal of masa, ongeveer 16 tortilla's

INGREDINTEN

2 kopjes (448 g) gedroogde deukmaïs (zie kader), gespoeld en uitgelekt

2 eetlepels (12 g) calciumhydroxide, ook bekend als "cal" (gebluste of beitskalk)

6 kopjes (1,4 L) lauw water

1 theelepel zout

ROUTEBESCHRIJVING

1. In een grote pan op laag vuur, combineer de maïs, cal en water. Breng aan de kook, ongeveer 30 tot 45 minuten. Het water moet langzaam opwarmen. Zodra het water kookt, zet je het vuur uit en laat je het een nacht, 18 tot 24 uur, op kamertemperatuur staan.

2. Giet de geweekte maïs af in een groot vergiet. Goed afspoelen met koud water.

3. Vul een diepe kom of grote pan met koud water. Voeg de geweekte maïs toe. Gebruik je handen om de maïs in het water te wrijven en verwijder de schillen. Giet het water af om eventuele drijvende rompen te verwijderen. Vul opnieuw met water om de maïs te bedekken, wrijf over de maïs en giet het water af. Herhaal 7 tot 10 keer om de maïs te pellen. Als het water helder of bijna helder is, is de missie geslaagd. Laat de laatste keer niet uitlekken. Op dit punt heb je posole. Posole wordt gebruikt in Mexicaanse stoofschotels.

4. Voor masa: Maal de gepelde maïs tot een glad, fijn gestructureerd deeg (nixtamal) met behulp van een handmatige of elektrische molen, metate of keukenmachine.

5. Om masa te maken met een keukenmachine, gebruikt u een schuimspaan om de helft van de overtollige vloeistof af te tappen en doet u de helft van de geweekte maïs in de kom met het mes. Puls 10 tot 15 keer. Voeg de resterende maïs toe en pulseer 10 tot 15 keer. Voeg 1 tot 2 eetlepels (15 tot 28 ml) water uit de maïs toe. Pulse nog eens 8 tot 10 keer. Schraap de kom zo nodig tussen het pulseren door. Voeg nog 1 tot 2 eetlepels (15 tot 28 ml) water en zout toe. Pulseer tot een deeg begint te vormen.

6. Keer om op een plank, kneed een paar keer en vorm tot een bal. Wikkel in plastic en laat 30 minuten staan. Breek in stukken van 42 g en vorm er 16 ballen van.

7. Pers elke deegbal met een tortillapers.

8. Kook op een hete kom of grillplaat.

9. Of pers en rooster met een elektrische tortillapers/broodrooster.

10. Houd warm tot al het deeg is gebruikt.

4. Blauwe maïs tortilla's

Maakt 12 tortilla's

INGREDINTEN

2 kopjes (240 g) blauwe maïs masa harina

2 tot 3 eetlepels (16 tot 24 g) universeel, ongebleekt of (18 tot 27 g) glutenvrij meel (optioneel)

1/2 theelepel zout

11/4 tot 11/3 kopjes (285 tot 315 ml) warm water (meer indien nodig)

ROUTEBESCHRIJVING

1 Klop of roer in een middelgrote kom de masa en bloem, indien gebruikt, en zout door elkaar.

2 Voeg het water toe. Meng met een houten lepel of spatel en handen totdat alle ingrediënten goed gemengd zijn. Kneed 20 tot 30 seconden tot het deeg soepel is. Het deeg moet vochtig genoeg zijn om bij elkaar te blijven. Voeg zo nodig warm water toe, 1 eetlepel (15 ml) per keer.

3 Verdeel het deeg in 12 bolletjes ter grootte van een golfbal en vorm ze met je handen. Plaats elke deegbal in een kom en dek af met een vochtige handdoek om vochtig te houden.

4 Pers of rol elke deegbal met een handmatige tortillapers of deegroller en kook op een hete kom of bakplaat. Of pers en rooster met een elektrische tortillapers/broodrooster.

5 Houd warm tot al het deeg is gebruikt.

5. Gebakken maïsmeelpasteitjes

Maakt 4 porties

INGREDINTEN

2 kopjes (240 g) gele, witte of blauwe maïsmeel

1 theelepel zout

1 kop (235 ml) kokend water

Olie om te frituren

ROUTEBESCHRIJVING

1 Meng de maïsmeel en het zout in een grote mengkom. Roer er geleidelijk het kokende water door. Het deeg moet vochtig genoeg zijn om een vorm te behouden, maar niet te zacht. Laat het deeg voldoende afkoelen om te verwerken, ongeveer 5 minuten.

2 Verdeel het deeg in 12 bolletjes ter grootte van een golfbal en vorm het met je handen.

3 Druk met je handen elke bal deeg plat tot een pasteitje van 13 mm dik. Terwijl de olie opwarmt, dek je de pasteitjes af met een vochtige handdoek.

4 Verhit 1/2-inch (13 mm) olie in een elektrische koekenpan tot 375 ° F (190 ° C), of gebruik een zware koekenpan op middelhoog vuur en een snoep-/frituurthermometer.

5 Schuif met een schuimspaan voorzichtig 2 tot 3 maïsmeelpasteitjes in de hete olie. Bak aan één kant goudbruin, 3 tot 5 minuten. Draai en kook tot beide kanten goudbruin zijn, nog 3 minuten.

6 Laat uitlekken op keukenpapier. Blijf warm. Herhaal tot alle pasteitjes gebakken zijn.

7 Als u klaar bent om te serveren, verwarmt u 13 mm olie in een zware koekenpan op middelhoog vuur tot 375 ° F (190 ° C). Leg de pasteitjes met de platte kant naar beneden in de hete olie en bak ze lichtjes krokant en goudbruin, ongeveer 1 minuut per kant. Haal uit de olie, laat uitlekken op keukenpapier en houd warm. Herhaal tot alle pasteitjes gebakken zijn.

6. Gorditas en sopes

Maakt 12 gordita's of sopes

INGREDINTEN

2 kopjes (240 g) masa harina

1 theelepel zout

1 theelepel gewoon of glutenvrij bakpoeder (laat weg voor sopes)

11/2 (355 ml) kopjes water

1/2 kop (103 g) reuzel of plantaardig bakvet of 1/3 kop (80 ml) plantaardige olie of (75 g) vaste kokosolie

Plantaardige olie, voor het bakken van sopes

ROUTEBESCHRIJVING

1 Verwarm een kom of bakplaat op middelhoog vuur tot 180 °C of volgens de aanwijzingen van de fabrikant als u een elektrische pers/broodrooster gebruikt.

2 Meng in een grote mengkom de masa, het zout en het bakpoeder (indien gebruikt voor gordita's), al kloppend of roerend om goed te mengen.

3 In een kleine steelpan op middelhoog vuur, combineer het water en reuzel of olie. Verwarm om het reuzel te smelten. Zet opzij van het vuur om af te koelen tot lauw voordat je het combineert met de droge ingrediënten

4 Voeg geleidelijk de lauwe vloeistof toe aan de droge ingrediënten en kneed ongeveer 3 minuten. Het deeg moet de

consistentie hebben van Play-Doh, kneedbaar en glad, maar met voldoende elasticiteit om een vorm te behouden.

5 Verdeel het deeg in 12 rondjes ter grootte van een golfbal.

VOOR GORDITAS

1 Vorm met de hand of met een pers de ballen tot pasteitjes of gordita's van 13 mm dik met een diameter van ongeveer 10 cm. Dek af met een vochtige handdoek om uitdrogen te voorkomen. (Zie hier voor details over het gebruik van een handmatige pers of elektrische pers/bakplaat. Pers niet zo dun als bij tortilla's.)

2 Vet de voorverwarmde kom of bakplaat licht in.

3 Rooster de gordita's op middelhoog vuur in totaal 10 tot 12 minuten, draai ze indien nodig om te voorkomen dat ze te bruin worden. Ze moeten een beetje puffen tijdens het koken. Gorditas moet langzaam koken, zodat de binnenkant niet te deegachtig is. De buitenkant moet lichtbruine vlekken hebben.

4 Laat het ongeveer 5 minuten afkoelen om het gemakkelijker te kunnen hanteren. Serveer gewoon of gespleten met een mes (zoals je een pitabroodje of Engelse muffin zou doen).

VOOR SOPES

1 Herhaal richtingen 1 t/m 5 op de vorige pagina.

2 Vorm met de hand of met een elektrische pers de ballen tot 12 (1/3 inch [8 mm] dikke) pasteitjes of sopes. Dek af met een vochtige handdoek om uitdrogen te voorkomen. (Zie hier voor details over het gebruik van een handmatige pers of elektrische

pers/bakplaat.) Pers niet zo dun als bij tortilla's. Sopes moeten een diameter van ongeveer 10 cm hebben.

3 Vet de voorverwarmde kom of bakplaat licht in.

4 Leg elke sope op de geoliede voorverwarmde kom of bakplaat en kook ongeveer 1 minuut of tot het deeg begint te stollen. Niet te gaar, anders droogt het deeg uit en barst het. Draai en kook nog 20 tot 30 seconden.

5 Verwijder met een spatel de voorgekookte soesjes van de bakplaat. Dek de tortilla's af met een droge theedoek en laat ze 30 tot 45 seconden afkoelen of tot ze net koel genoeg zijn om voorzichtig te hanteren. Draai de randen snel - voordat ze te veel afkoelen - omhoog om een liprand te vormen, zoals een scherpe korst, om de vullingen vast te houden. Dek af met een droge handdoek en herhaal totdat alle sopes zijn voorgekookt en gevormd. Dit kan tot 3 of 4 uur van tevoren.

6 Als u klaar bent om te serveren, verwarmt u 13 mm olie in een zware koekenpan op middelhoog vuur tot 375 ° F (190 ° C). Leg de soesjes met de platte kant naar beneden in de hete olie en bak ze lichtjes krokant en goudbruin, ongeveer 1 minuut per kant. Haal uit de olie, laat uitlekken op keukenpapier en houd warm. Herhaal dit totdat alle sopes zijn gebakken.

7. Basismeel Tortilla's

Maakt 12 (6-inch [15 cm]) tortilla's

INGREDINTEN

2 kopjes (250 g) wit meel voor alle doeleinden, (240 g) ongebleekt meel of (240 g) fijngemalen volkoren meel (of een combinatie)

1 theelepel bakpoeder (optioneel)

1 theelepel zout

1/2 kop (103 g) vast reuzel of plantaardig bakvet of 1/3 kop (68 g) vers reuzel, (80 ml) groente-, maïs- of olijfolie (of naar wens) of (75 g) vaste kokosolie

1 kop (235 ml) heet water (hier afgebeeld om gearomatiseerde meeltortilla's te maken)

ROUTEBESCHRIJVING

1 Roer in een grote kom de bloem, het bakpoeder en het zout door elkaar. Gebruik een deegsnijder of werkkom van een keukenmachine uitgerust met een mes, snijd het reuzel in tot het mengsel op grove kruimels lijkt. Als het mengsel te droog lijkt, voeg dan indien nodig extra bakvet of reuzel toe.

2 Voeg langzaam het hete water toe, al roerend of pulserend, tot een deegbal. Kneed het deeg 30 keer lichtjes in de kom of indien nodig om een soepel, niet plakkerig deeg te vormen. Of haal het deeg uit de kom van de keukenmachine en kneed het op een licht met bloem bestoven plank.

3 Leg het geknede deeg in een kom of op een bladerdeegplank. Dek af met een schone theedoek en laat 1 uur rusten. Dit is een goede tussenstop als je later verse Tortilla's wilt serveren. Het deeg kan 4 tot 6 uur rusten als het goed is afgedekt met een laag plasticfolie en een handdoek om uitdrogen te voorkomen. Niet in de koelkast bewaren.

4 Knijp er stukken af en vorm het deeg tot 12 even grote ballen. Dek af met een schone theedoek en laat nog 20 tot 30 minuten rusten.

5 Wanneer het tijd is om de tortilla's af te maken, rolt u elke bal deeg tot zeer dun (niet dikker dan de harde kaft van een boek, dunner als je kunt) met een deegroller. Drapeer over de zijkanten van een kom en bedek ze met een handdoek terwijl je elke tortilla uitrolt.

6 Kook op een hete kom of bakplaat. Of pers en rooster met een elektrische tortillapers/broodrooster.

7 Houd warm tot al het deeg is gebruikt.

8. Glutenvrije bloem Tortilla's

Maakt 12 (6-inch [15 cm]) tortilla's

INGREDINTEN

2 kopjes (272 g) glutenvrije bloem

1 theelepel glutenvrij bakpoeder (optioneel)

1 theelepel zout

1/2 kop (103 g) reuzel of plantaardig bakvet, of 1/3 kop (68 g) vers reuzel, (80 ml) groente-, maïs-, olijf- (of gewenste) olie, of (75 g) vaste kokosolie

1 kop (235 ml) heet water

ROUTEBESCHRIJVING

1 Roer in een grote kom de bloem, het bakpoeder en het zout door elkaar. Gebruik een deegsnijder of werkkom van een keukenmachine uitgerust met een mes, snijd het reuzel in tot het mengsel op grove kruimels lijkt. Als het mengsel te droog lijkt, voeg dan indien nodig extra bakvet of reuzel toe.

2 Voeg langzaam het hete water toe, al roerend of pulserend, tot een deegbal. Kneed het deeg 30 keer lichtjes in de kom of indien nodig om een soepel, niet plakkerig deeg te vormen. Of haal het deeg uit de kom van de keukenmachine en kneed het op een licht met bloem bestoven plank.

3 Leg het geknede deeg in een kom of op een bladerdeegplank. Dek af met een schone theedoek en laat 1 uur rusten. Dit is een goede tussenstop als je later verse Tortilla's wilt serveren. Het deeg kan 4 tot 6 uur rusten als het goed is afgedekt met een

laag plasticfolie en een handdoek om uitdrogen te voorkomen. Niet in de koelkast bewaren.

4 Knijp er stukken af en vorm het deeg tot 12 even grote ballen. Dek af met een schone theedoek en laat nog 20 tot 30 minuten rusten.

5 Wanneer het tijd is om de tortilla's af te maken, rolt u elke bal deeg tot zeer dun (niet dikker dan de harde kaft van een boek, dunner als je kunt) met een deegroller. Drapeer over de zijkanten van een kom en bedek ze met een handdoek terwijl je elke tortilla uitrolt.

6 Kook op een hete kom of bakplaat. Of pers en rooster met een elektrische tortillapers/broodrooster.

7 Houd warm tot al het deeg is gebruikt.

9. Bruine rijst tortilla's

Maakt 12 (6-inch [15 cm]) tortilla's

INGREDINTEN

11/2 kopjes (240 g) bruine rijstmeel

1/2 kop (60 g) tapiocameel

1/2 theelepel zout

1 kop (235 ml) kokend water

Plantaardige olie naar keuze

ROUTEBESCHRIJVING

1 Klop in een middelgrote mengkom de bruine rijst, het tapiocameel en het zout door elkaar.

2 Roer met een houten lepel geleidelijk het kokende water erdoor tot een deeg. Kneed het deeg 20 keer in de kom. Voeg water toe, 1 eetlepel (15 ml) per keer, als het deeg te droog aanvoelt.

3 Dek af met een vochtige handdoek en laat 10 minuten rusten.

4 Knijp er stukken af en vorm het deeg tot 12 even grote ballen. Dek af met een vochtige keukenhanddoek.

5 Rol elke bal deeg heel dun (niet dikker dan de harde kaft van een boek, dunner als je kunt) met een deegroller. Of pers met een handmatige tortillapers. Drapeer over de zijkanten van een kom en bedek ze met een vochtige handdoek terwijl je elke tortilla uitrolt of aandrukt.

6 Verhit een comal of bakplaat op middelhoog vuur. Wanneer de bakplaat heet genoeg is om een paar druppels water te laten "dansen" en onmiddellijk te laten verdampen, bedek het hete oppervlak dan royaal met plantaardige olie. Bak de tortilla's 1 tot 2 minuten aan elke kant tot er lichtbruine vlekken verschijnen. Herhaal en voeg indien nodig meer olie toe tot alle tortilla's gaar zijn.

7 Houd warm tot al het deeg is gebruikt.

8 Als alle tortilla's gaar zijn, bewaar je ze in een tortillawarmer of stapel je ze tussen twee borden. Laat ongeveer 10 minuten zitten en stomen, zodat ze zacht en buigzaam zijn.

Aanbevolen gebruik: Huevos Rancheros met groene posole, quesadilla's gevuld met gegrilde of gebakken groenten en geroosterde chilipepers.

10. Tortilla's van zoete aardappel of pompoen

Maakt 12 (6-inch [15 cm]) tortilla's

INGREDINTEN

2 kopjes (250 g) wit meel voor alle doeleinden, (240 g) ongebleekt meel of (240 g) fijngemalen volkoren meel (of een combinatie daarvan)

3 theelepels (14 g) bakpoeder

1 theelepel zout

1/2 kop (103 g) reuzel of plantaardig bakvet of 1/3 kop (80 ml) groente-, maïs- of olijfolie (of gewenste) olie, of (75 g) vaste kokosolie

3/4 kop (246 g) zoete aardappelpuree (uit blik of vers) of (184 g) pompoenpuree (uit blik of vers)

ROUTEBESCHRIJVING

1/2 kop (120 ml) heet water, plus extra indien nodig

1 Roer in een grote kom de bloem, het bakpoeder en het zout door elkaar.

2 Gebruik een deegblender, vork of twee messen om het reuzel of het bakvet te mengen tot de bloem eruitziet als grove kruimels.

3 Voeg geleidelijk de zoete aardappel of pompoen en het hete water toe, al roerend met een houten lepel, tot een deegbal.

4 Om het deeg te maken met een keukenmachine die is uitgerust met een mes, mengt u de droge ingrediënten in de mengkom. Voeg het reuzel toe, pulserend om te combineren totdat het mengsel op grove kruimels lijkt. Als het mengsel te droog lijkt, voeg dan indien nodig extra bakvet of reuzel toe. Voeg geleidelijk de zoete aardappel of pompoen en het water toe, pulserend tot een bal deeg.

5 Zodra het deeg is gevormd, kneedt u het deeg 30 keer of zo vaak als nodig licht in de kom om een soepel, niet plakkerig deeg te vormen. Of haal het deeg uit de kom van de keukenmachine en kneed het op een licht met bloem bestoven bord zoals hierboven. Als het deeg te plakkerig is, voeg dan indien nodig extra bloem toe.

6 Leg het geknede deeg in een kom of op een bladerdeegplank. Dek af met een schone theedoek en laat 1 uur rusten. Dit is een goede tussenstop als je later verse Tortilla's wilt serveren. Het deeg kan tot 4 tot 6 uur rusten als het goed is afgedekt met een laag plasticfolie en een handdoek om uitdrogen te voorkomen. Niet in de koelkast bewaren.

7 Knijp stukjes af en vorm het deeg tot 12 even grote ballen. Dek af met een schone theedoek en laat nog 20 tot 30 minuten rusten.

8 Wanneer het tijd is om de tortilla's af te maken, rolt u elke bal deeg tot zeer dun (niet dikker dan de harde kaft van een boek, dunner als je kunt) met een deegroller. Drapeer over de zijkanten van een kom en bedek ze met een handdoek terwijl je elke tortilla uitrolt.

9 Kook op hete kom of grillplaat. Of pers en rooster met een elektrische tortillapers/broodrooster.

11. Zwarte bonen tortilla's

Maakt 12 (6-inch [15 cm]) tortilla's

INGREDINTEN

1/3 kop (47 g) zwarte bonenmeel

1/2 kop (64 g) maizena

2 eetlepels (16 g) tapiocameel

1/2 theelepel zout

2 eieren, licht geklopt

11/2 kop (355 ml) water

Plantaardige oliespray indien nodig

ROUTEBESCHRIJVING

1 Meng in een middelgrote kom het zwarte bonenmeel, maizena, tapiocameel en zout.

2 Klop met een garde de eieren en het water erdoor tot het beslag klontervrij is. Het beslag zal erg dun zijn. Zet 25 tot 30 minuten opzij om in te dikken.

3 Verwarm een crêpepan van 15 tot 20 cm voor op 190 °C (375 °F). Een pan met een antiaanbaklaag heeft de voorkeur. Of smeer de binnenkant van de bodem en zijkanten van een pan licht in met kookspray voordat je de tortilla kookt.

4 Als de pan is voorverwarmd, giet je 60 ml beslag in de pan, al draaiend om het beslag gelijkmatig te verdelen en een ronde, dunne tortilla te maken. Kook gedurende 45 seconden tot 1 minuut of tot het beslag hard wordt.

5 Draai de tortilla met een spatel net lang genoeg om om de andere kant lichtbruin te bakken. Verwijder naar een vel vetvrij papier. Ga verder met het resterende beslag en scheid elke tortilla van elkaar met een vel vetvrij papier. Houd warm tot klaar om te serveren.

Gebruikssuggesties: Rol als bloem Tortilla "Crepes" gevuld met roerei en gegarneerd met New Mexico Red Chile Sauce.

12. Bruine rijst tortilla's

Maakt 12 (6-inch [15 cm]) tortilla's

INGREDINTEN

1 1/2 kopjes (240 g) bruine rijstmeel

1/2 kop (60 g) tapiocameel

1/2 theelepel zout

1 kop (235 ml) kokend water

Plantaardige olie naar keuze

ROUTEBESCHRIJVING

1 Klop in een middelgrote mengkom de bruine rijst, het tapiocameel en het zout door elkaar.

2 Roer met een houten lepel geleidelijk het kokende water erdoor tot een deeg. Kneed het deeg 20 keer in de kom. Voeg water toe, 1 eetlepel (15 ml) per keer, als het deeg te droog aanvoelt.

3 Dek af met een vochtige handdoek en laat 10 minuten rusten.

4 Knijp er stukken af en vorm het deeg tot 12 even grote ballen. Dek af met een vochtige keukenhanddoek.

5 Rol elke bal deeg heel dun (niet dikker dan de harde kaft van een boek, dunner als je kunt) met een deegroller. Of pers met een handmatige tortillapers. Drapeer over de zijkanten van een

kom en bedek ze met een vochtige handdoek terwijl je elke tortilla uitrolt of aandrukt.

6 Verhit een comal of bakplaat op middelhoog vuur. Wanneer de bakplaat heet genoeg is om een paar druppels water te laten "dansen" en onmiddellijk te laten verdampen, bedek het hete oppervlak dan royaal met plantaardige olie. Bak de tortilla's 1 tot 2 minuten aan elke kant tot er lichtbruine vlekken verschijnen. Herhaal en voeg indien nodig meer olie toe tot alle tortilla's gaar zijn.

7 Houd warm tot al het deeg is gebruikt.

8 Als alle tortilla's gaar zijn, bewaar je ze in een tortillawarmer of stapel je ze tussen twee borden. Laat ongeveer 10 minuten zitten en stomen, zodat ze zacht en buigzaam zijn.

13. Tortilla's met gemengde granen

Maakt 12 tortilla's

INGREDINTEN

2/3 kop (80 g) tapiocameel

2/3 kop (107 g) rijstmeel

1/3 kop (45 g) sorghummeel

1/3 kop (40 g) boekweitmeel

1/2 theelepel glutenvrij bakpoeder

3/4 theelepel xanthaangom

1 kop (235 ml) heet water

1/3 kop (68 g) zoete rijstmeel, of indien nodig

Plantaardige olie naar keuze

ROUTEBESCHRIJVING

1 Meng in een grote kom de tapioca, rijst, sorghum en boekweitmeel, bakpoeder en xanthaangom.

2 Roer met een houten lepel beetje bij beetje het hete water erdoor en mix tot het deeg ontstaat. Als het deeg te plakkerig is om een bal te vormen, voeg dan zoete rijstmeel toe met de eetlepel (13 g) om een zacht, niet plakkerig deeg te krijgen dat zijn vorm behoudt.

3 Verdeel het deeg in 12 even grote stukken. Rol om orbs ter grootte van een golfbal te vormen. Keer terug naar de kom en dek af met een vochtige handdoek.

4 Bestrooi het roloppervlak en een deegbal licht met rijstmeel. Rol elke bal deeg tot zeer dun (niet dikker dan de harde kaft van een boek, dunner als je kunt) met een deegroller. Of pers met een handmatige tortillapers.

5 Verhit een comal of bakplaat op middelhoog vuur. Wanneer de bakplaat heet genoeg is om een paar druppels water te laten "dansen" en onmiddellijk te laten verdampen, bedek het hete oppervlak dan royaal met plantaardige olie.

6 Als de olie heet is, schuif je er een tortilla in. Verplaats het om de bodem met olie te bedekken; draai het om en verplaats het om die kant te bedekken.

7 Kook tot de tortilla bruin begint te worden, ongeveer 2 tot 3 minuten. Draai en bak tot de andere kant bruin begint te worden, nog 3 tot 4 minuten. Voeg indien nodig extra olie toe om de resterende tortilla's te garen.

8 Laat uitlekken op keukenpapier en houd warm tot al het deeg is gebruikt.

14. Tortilla's van gierst en quinoa

Maakt 12 tortilla's

INGREDINTEN

1/2 kop (60 g) gierstmeel

1/2 kop (56 g) quinoameel

1 kop (120 g) tapiocameel

1 theelepel glutenvrij bakpoeder

1 theelepel xanthaangom

1 theelepel zout

1 eetlepel (20 g) honing of agavesiroop

1/2 kop (120 g) warm water

4 eetlepels (103 g) bakvet of reuzel

ROUTEBESCHRIJVING

1 Meng in een elektrische mengkom of een middelgrote kom het gierst-, quinoa- en tapiocameel, bakpoeder, xanthaangom en zout. Gebruik een elektrische mixer op lage snelheid of klop met de hand om de droge ingrediënten te combineren

2 Als je een elektrische mixer gebruikt, voeg dan de honing of agave, warm water en bakvet of reuzel toe, en meng tot er een deeg ontstaat rond de kloppers. Mix het deeg nog een minuut op gemiddelde snelheid. Of, als je het met de hand doet, gebruik

dan een houten lepel om de natte ingrediënten erdoor te roeren en meng tot een zachte bal. Kneed 10 tot 20 keer. Het deeg zal een beetje plakkerig en veerkrachtig zijn.

3 Wikkel het deeg stevig in plasticfolie en laat het 30 tot 45 minuten afkoelen.

4 Verdeel het deeg na het afkoelen in 12 gelijke porties en vorm elk tot een bal. Doe terug in de kom en dek af met een vochtige handdoek om uitdrogen te voorkomen.

5 Rol elke bal deeg heel dun (niet dikker dan de harde kaft van een boek, dunner als je kunt) met een deegroller. Of pers met een handmatige tortillapers. Drapeer over de zijkanten van een kom en bedek ze met een vochtige handdoek terwijl je elke tortilla uitrolt of aandrukt.

6 Verhit een comal of bakplaat op middelhoog vuur. Wanneer de bakplaat heet genoeg is om een paar druppels water te laten "dansen" en onmiddellijk te laten verdampen, bedek het hete oppervlak dan royaal met plantaardige olie. Bak de tortilla's 1 tot 2 minuten aan elke kant. Herhaal en voeg indien nodig meer olie toe tot alle tortilla's gaar zijn.

7 Houd warm tot al het deeg is gebruikt.

8 Als alle tortilla's gaar zijn, bewaar je ze in een tortillawarmer of stapel je ze tussen twee borden. Laat ongeveer 10 minuten zitten en stomen, zodat ze zacht en buigzaam zijn.

15. Bloem tortilla's

Kooktijd: 5 minuten

Porties: 10-13

INGREDINTEN

450 g bloem voor alle doeleinden

3 eetlepels koud plantaardig bakvet

1 theelepel zout

2 theelepels bakpoeder

375 ml water

ROUTEBESCHRIJVING

1.Meng bloem, zout, bakpoeder en plantaardig bakvet in een kom.. Meng goed met je handen tot alles is opgenomen..

2. Voeg langzaam water toe en kneed het deeg met je handen.. Meel moet de vloeistof opnemen, je moet een glad deeg krijgen..

3. Vorm balletjes van het deeg, plaats ze één voor één in de tortillapers.. Druk om de tortilla's te vormen..

Verwarm een gietijzeren pan voor op middelhoog vuur.. Voeg de tortilla's één voor één toe en kook ongeveer 30-40 seconden per kant..

16. Amandelmeel Tortilla's

Kooktijd: 5 minuten

Porties: 8

INGREDINTEN

100 g gemalen geblancheerd amandelmeel

4 eetlepels kokosmeel

1 theelepel xanthaangom

1 theelepel bakpoeder

1/2 theelepel zout

1 ei, op kamertemperatuur, losgeklopt

4 eetlepels lauw water

ROUTEBESCHRIJVING

1.Voeg het ei, het amandelmeel, kokosmeel, xanthaangom, bakpoeder, zout en water toe aan een blender en mix tot alles gemengd is.. Wikkel het deeg in plasticfolie en zet het minimaal 10 minuten in de koelkast..

2.Bekleed beide kanten van de tortillapers met perkamentpapier of Ziploc-zakken.. Vorm het deeg in ballen, plaats ze één voor één in de tortillapers.. Druk op om de tortilla's te vormen..

3. Verwarm een gietijzeren op middelhoog vuur.. Voeg de tortilla's één voor één toe en kook ongeveer 15-20 seconden per kant..

17. Veganistische Taco's

Kooktijd: 15 minuten

Porties: 6

INGREDINTEN

260 g masa harina voor tortilla's

250 ml heet water

2 eetlepels water, op kamertemperatuur

ROUTEBESCHRIJVING

1.Meng masa harina en heet water in een kom.. Dek af en laat ongeveer 30 minuten rusten..

2.Kneed het deeg, voeg water op kamertemperatuur toe.. Kneed tot je een glad deeg krijgt..

3.Bekleed beide zijden van de tortillapers met perkamentpapier of Ziploc-zakken.. Vorm het deeg in ballen, plaats ze één voor één in de tortillapers.. Druk op om de tortilla's te vormen..

4. Verwarm een gietijzeren op middelhoog vuur voor.. Voeg de tortilla's één voor één toe en kook ongeveer 15-20 seconden per kant..

5. Verhit olie in een koekenpan op middelhoog vuur.. Voeg ui en jalapeno toe en kook ongeveer 5 minuten..

6. Voeg bonen met de vloeistof toe aan een pan en kook ongeveer 2-3 minuten op middelhoog vuur, vaak roerend.

7. Verdeel de bonen over elke tortilla, voeg chorizo toe en voeg het uien-jalapeno-mengsel toe. Serveer met koriander.

18. Koriandermeel Tortilla's

Kooktijd: 15 minuten

Porties: 12

INGREDINTEN

256 g verse koriander, gehakt

2 kopjes (255 g) bloem voor alle doeleinden

32 g reuzel, gehakt

1 eetlepel plantaardige olie

1 theelepel koosjer zout

ROUTEBESCHRIJVING

1. Kook ongeveer 1. 2. L water in een pan op middelhoog vuur.. Kook de koriander 1 minuut in water.. Giet de koriander af en laat $\frac{3}{4}$ kopje kookwater achter..

2. Blend kookwater, koriander en zout in de blender tot een gladde massa, laat afkoelen.

3. Voeg bloem en reuzel toe aan een kom en meng grondig. Voeg plantaardige olie toe en voeg $\frac{1}{2}$ kopje korianderwater toe om deeg te vormen. Leg het deeg op een werkvlak en kneed 5-7 minuten.. Laat ongeveer 30 minuten rusten..

4.Vorm het deeg in balletjes, plaats ze één voor één in de tortillapers.. Druk om de tortilla's te vormen..

5. Verwarm een gietijzeren pan voor op middelhoog vuur.. Voeg de tortilla's één voor één toe en kook ongeveer 30-40 seconden per kant..

WAFEL QUESADILLA

19. Groene Chili Gewafelde Quesadilla's

OPBRENGST: Maakt 2 quesadilla's

INGREDINTEN

Kookspray met antiaanbaklaag

4 bloem tortilla's

1 kop geraspte kaas in Mexicaanse stijl, zoals queso Chihuahua of Monterey Jack

¼ kopje gehakte groene chilipepers in blik

ROUTEBESCHRIJVING

Verwarm het wafelijzer voor op medium. Smeer beide zijden van het wafelijzerrooster in met anti-aanbakspray.

Leg een tortilla op het wafelijzer en zorg ervoor dat het wafelijzer heet is en verdeel de helft van de kaas en de helft van de groene chilipepers gelijkmatig over de tortilla, met een marge van ongeveer 2,5 cm rond de rand van de tortilla. Bedek met nog een tortilla en sluit het wafelijzer.

Controleer de quesadilla na 3 minuten. Als de kaas gesmolten is en de tortilla goudbruine wafelstrepen heeft, is hij klaar. Haal de quesadilla uit het wafelijzer.

20. Gewafelde Chorizo-Kaas Quesadilla

Opbrengst: 2 tot 4 porties

INGREDINTEN

1 limoen, geperst

1/4 kleine rode ui, in dunne plakjes gesneden

Knijp koosjer zout

1 theelepel plantaardige olie, plus meer tortilla's om te borstelen

2 ons verse chorizo, verwijderd uit de omhulsels

Vier 6- tot 8-inch bloemtortilla's

2/3 kop geraspte Cheddar

Salsa, zure room en gehakte avocado, voor erbij

ROUTEBESCHRIJVING

Combineer het limoensap, de uien en het zout in een kleine niet-reactieve kom, af en toe omscheppend. Laat op kamertemperatuur staan tot de uien roze zijn, ongeveer 15 minuten.

Verhit de olie in een middelgrote koekenpan met antiaanbaklaag op middelhoog vuur. Voeg de chorizo toe en kook, losbrekend met een houten lepel, tot ze bruin zijn, ongeveer 3 minuten.

Verwarm een wafelijzer voor op middelhoog. Bestrijk een kant van 2 tortilla's met olie en leg ze met de droge kant naar boven op een werkvlak. Bestrooi elk met 1/3 kop kaas en vervolgens met de ingelegde uien. Sandwich met de resterende tortilla's en bestrijk de bovenkanten met olie.

Plaats 1 quesadilla in het wafelijzer, sluit voorzichtig (niet naar beneden duwen) en kook tot ze goudbruin zijn en de kaas gesmolten is, 4 tot 6 minuten. Herhaal met de resterende quesadilla. Snijd de quesadilla's in partjes en garneer met de chorizo. Serveer met salsa, zure room en avocado.

21. Santa fe worst gewafeld quesadilla

Opbrengst: 5

INGREDINTEN

1 Doos Kippenworst Links (10 links)

10 Tortillaschelpen

1 dozijn eieren

1/4c Paprika's (in blokjes gesneden)

1/4c Ui (in blokjes gesneden)

1 1/2c Monetaire Jack Kaas of Kaas naar keuze

Gesneden Avocado voor garnering

Chipotle Ranch of Salsa om te dippen?

ROUTEBESCHRIJVING

Roer in een grote pan je eieren met in blokjes gesneden paprika, ui en kruiden. Ga aan de kant zitten.

Snijd elke Jones Dairy Farm All Natural Golden Brown Chicken Sausage-schakels doormidden. Aan de kant zetten.

Verwarm je wafelijzer voor en spray hem in met een beetje olie om plakken te voorkomen.

Plaats een tortilla in het wafelijzer en monteer in deze volgorde:

Voeg ongeveer 3/4 kopje roerei toe

Voeg een beetje kaas toe

Voeg 4 gehalveerde kippenworstlinks toe

Top met wat meer kaas

Voeg nog een tortillaschelp toe

Sluit je wafelijzer en bak 2-3 minuten.

Dompel in chipotle ranch of salsa.

ONTBIJT QUESADILLA

22. Ontbijt Quesadilla

INGREDINTEN

1 kop (240 ml) eiervervanger
¼ kopje (56 g) salsa
¼ kopje (30 g) magere cheddarkaas, versnipperd
8 maïstortilla's

ROUTEBESCHRIJVING

Roer de eiervervanger, roer de salsa en kaas erdoor als het bijna gestold is. Spuit een kant van de tortilla's lichtjes in olijfoliespray met antiaanbaklaag en leg 4 van de tortilla's met de oliekant naar beneden op een bakplaat.

Verdeel het eimengsel over de tortilla's en spreid het uit tot een gelijkmatige dikte. Bedek met de resterende tortilla's, met de oliekant naar boven. Grill de quesadilla's 3 minuten per kant, of tot ze gaar en goudbruin zijn. Snijd in vieren om te serveren.

23. Cheesy poblano en spek quesadilla

DIENSTEN: 4

INGREDINTEN

4 plakjes dikgesneden spek, in vieren

2 poblano pepers, zonder zaadjes en in dunne plakjes gesneden

8 grote bloemtortilla's

1 kopje geraspte peper Jack-kaas

1 kop verse babyspinazie, grof gehakt

1 kopje geraspte cheddarkaas

2 eetlepels extra vergine olijfolie

Ingelegde Jalapeño Ananas Salsa

ROUTEBESCHRIJVING

Plaats het spek in een koude grote koekenpan op middelhoog vuur. Kook tot het vet wordt gesmolten en het spek knapperig is, 4 tot 5 minuten. Breng het spek over naar een met keukenpapier beklede plaat om uit te lekken, bewaar het vet in de pan.

Zet de pan terug op het vuur, voeg de poblanos toe en kook tot ze zacht zijn, ongeveer 5 minuten. Breng de paprika's over naar een kleine kom.

Leg 4 tortilla's op een schoon werkvlak. Bestrooi elk met $\frac{1}{4}$ kopje peper Jack-kaas en verdeel de spinazie, paprika's en spek gelijkmatig over de 4 tortilla's. Werk elk af met ¼ kopje cheddarkaas en nog een tortilla.

Veeg de koekenpan schoon en verhit de olijfolie op middelhoog vuur. Als de olie glinstert, voeg je de quesadilla's één voor één toe. Kook tot de bodem krokant en goudbruin is, ongeveer 2 minuten, draai dan voorzichtig om en kook tot de tortilla goudbruin is en de kaas is gesmolten, nog 2 tot 3 minuten.

Serveer warm met salsa ernaast.

24. Cheesy Veggie Quesadilla's

Opbrengst: 4 porties

INGREDINTEN

1 eetlepel plantaardige olie

1/2 middelgrote Vidalia-ui, in blokjes gesneden

8 ons witte champignons, in blokjes gesneden

1 teentje knoflook, fijngehakt

1 kopje bevroren maïskorrels

3 kopjes verse babyspinazie, gehakt

1/4 theelepel zwarte peper

1/4 theelepel komijn

2, 10-inch volkoren tortilla's

1/3 kop geraspte magere cheddarkaas

1/2 kopje gewone, vetvrije Griekse yoghurt

Zest en sap van 1/2 limoen

1/8 theelepel cayennepeper (optioneel)

ROUTEBESCHRIJVING:

Verhit de olie in een grote koekenpan op middelhoog vuur. Fruit de ui, champignons en knoflook 5-6 minuten, of tot ze zacht zijn. Kook nog 1-2 minuten na het toevoegen van de maïs, spinazie, peper en komijn. Haal de pan van het vuur.

Stel de quesadilla's samen: Om de tortilla's te maken, plaatst u ze op een schone werkplek. Verdeel het gekookte groentemengsel gelijkmatig over de helft van elke tortilla.

Strooi de kaas gelijkmatig over de groenten. Vouw en druk de resterende helft van de tortilla eroverheen.

Verwarm een grillplaat voor op een lage stand. Spuit de quesadilla's in met kookspray en leg ze erop.

Grill 3-4 minuten per kant, of tot de kaas gesmolten en lichtbruin is.

Combineer Griekse yoghurt, 1/2 limoenschil en -sap en cayennepeper in een kleine kom (indien gebruikt).

Snijd de quesadilla's en serveer ze met het yoghurtmengsel erop. Genieten van!

25. Quesadilla van BBQ-eend & bospaddenstoelen

Opbrengst: 4 porties

INGREDINTEN

½ kopje Geroosterde eendenpoten; vlees van het bot geplukt van 2 eendenbouten zonder vel

1 kopje New Mexico bbq-saus

½ kopje kippenbouillon

½ kopje Gegrilde shiitake-paddenstoelen, gegrild

3 bloem (6-inch) tortilla's

¼ kopje geraspte Monterey jack

¼ kopje geraspte witte cheddar

Zout en versgemalen peper

½ kopje Pittige mangosalsa

ROUTEBESCHRIJVING

Leg de poten in een braadpan en bestrijk de saus ermee. Giet de bouillon rond de benen. Dek af en bak 3 uur op 300 graden, bedruip elke 30 minuten met BBQ-saus. Laat afkoelen en pluk het eendenvlees.

Bereid een hout- of houtskoolvuur voor en laat het afbranden tot sintels.

Leg 2 tortilla's op het werkvlak. Verdeel de helft van de kazen, eend en champignons erover en breng op smaak met zout en peper. Stapel de 2 lagen op elkaar, bedek met de resterende tortilla, bestrijk met 1 eetlepel olie en bestrooi gelijkmatig met chilipoeder. Kan tot nu toe worden voorbereid en gekoeld bewaard. Grill 3 minuten aan elke kant, of tot de tortilla's licht krokant zijn en de kaas is gesmolten.

Snijd in vieren en serveer warm, gegarneerd met de salsa.

26. Snelle en eigenzinnige quesadilla's

INGREDINTEN

2 10 "tortilla's

2 eetlepels pizzasaus

1 ons geraspte cheddar kaas

1 ons geraspte mozzarella kaas

8 plakjes pepperoni

Bak spray

ROUTEBESCHRIJVING:

Bak de pepperoni in een middelgrote koekenpan tot hij krokant is. Haal uit de pan en zet apart. Veeg de koekenpan af met keukenpapier.

Leg een tortilla op een bord en verdeel er twee eetlepels pizzasaus over.

Strooi de helft van de geraspte cheddar en mozzarella over de saus.

Leg de gebakken pepperoni op de kaas.

Strooi de resterende kaas over de pepperoni en dek af met de resterende tortilla.

Besproei de koekenpan met kookspray en verwarm voor op middelhoog vuur.

Plaats de quesadilla voorzichtig in de pan en kook drie tot vier minuten aan elke kant of tot de kaas is gesmolten en de tortilla's lichtbruin en krokant zijn.

QUESADILLA'S IN HUIS-STIJL

27. Spinazie Kwark Quesadilla

3 porties

INGREDINTEN

10-15 gehakte spinazieblaadjes

2 kopjes tarwebloem

Zout naar smaak

150-200 g Cottage Cheese (Paneer)

1 kleine fijngehakte paprika

1 kleine fijngesneden tomaat

1 kleine fijngesnipperde ui

1 theelepel rode chilly poeder

1 theelepel korianderpoeder

1/2 theelepel kurkumapoeder

1 theelepel garam masala

1 theelepel Kasuri methi

1 theelepel Droog mangopoeder

2 eetlepels olie voor het binden van deeg

2 theelepels olie voor Paneer Stuff

2 theelepel komijnzaad

Ghee om de Quesadilla te roosteren

ROUTEBESCHRIJVING

Neem de tarwebloem, voeg gehakte spinazieblaadjes, zout, 2 eetlepels olie en 1 theelepel komijnzaad toe en bind het halfzachte deeg en laat minimaal 15-20 minuten rusten

Bereid nu de kwarkvulling voor.. Neem de pan, voeg olie en komijn toe en bak nu de ui, tomaat en paprika stuk voor stuk aan

Bak alles, voeg zout en alle kruiden toe, voeg nu de gehakte paneer toe en voeg als laatste Kasuri methi toe en meng ze goed en houd ze apart

Bereid nu de middelgrote Quesadilla uit het deeg en braadstuk door beide kanten om te draaien

Vul de Paneer Stuffing, voeg kaas toe als je wilt en rooster ze opnieuw in ghee tot ze goudkleurig en knapperig zijn

28. Quesadilla's met appel en kaas

15 minuten

INGREDINTEN

1/4 kop bruine suiker, verpakt

1/4 kop boter

1 theelepel gemalen kaneel

1/4 theelepel gemalen nootmuskaat

1/4 theelepel gemalen piment

1/4 theelepel gemalen gember

1/4 theelepel zout

2 Honeycrisp appels, geschild, zonder klokhuis en in dunne plakjes gesneden

2 in de winkel gekochte bloemtortilla's

100 g gruyère (of andere melige, milde kaas)

ROUTEBESCHRIJVING

Voeg de bruine suiker en boter toe aan een kleine pan. Zet het op laag vuur en laat de suiker en boter smelten. Voeg de kruiden, het zout en de appels toe en draai het vuur middelhoog. Kook ongeveer 10 minuten, af en toe roerend, tot de appels zacht maar niet papperig zijn. Haal de pan van het vuur en laat een paar minuten staan tot kamertemperatuur.

Voeg een klein klontje boter toe aan een grote koekenpan met antiaanbaklaag op middelhoog vuur. Leg in een tortilla en strooi de helft van de kaas slechts aan één kant van de tortilla. Voeg de helft van de gekookte appels toe en vouw de andere helft van de tortilla dubbel zodat er een halve maan ontstaat. Laat 1 tot 2 minuten bakken tot ze krokant en bruin zijn, draai ze dan voorzichtig om en bak ook de andere kant bruin. Herhaal dit voor de tweede tortilla. Snijd de gebakken tortilla's in 2 of 3 stukken en serveer met een scheutje appelkaramel.

29. Aardappel quesadilla

Maakt 8 quesadilla's

INGREDINTEN

VOOR DE BATTER

2 kopjes bloem

2 eetlepels suiker

1 theelepel zout

2 eetlepels olie

2 kopjes water

VOOR DE VULLING

2 kopjes Gekookte aardappelen

kubus Kruiden

Komijn

Koriander

Paprika

Gember/knoflookpasta

Zwarte peper

Kerrie

Peterselie

Groene paprika

Schotse motorkap

Mozzarella kaas

ROUTEBESCHRIJVING

Meng alle ingrediënten voor het beslag. Voeg olie toe in een pan, giet het beslag erin en bak het aan beide kanten om totdat het gaar is

Aardappelpuree en voeg peterselie, scotch bonnet, groene peper en kruiden en kruidenblokje toe. Mix alles door elkaar tot het gecombineerd is

Voeg de vulling toe aan de verpakking en doe de kaas erin, dek af en verwarm op een pan zodat de kaas 2 minuten smelt.

30. Broodjes quesadilla's, piadine en pitabroodjes

DIENT 4

INGREDINTEN

12 ons verse geit3 teentjes knoflook, gehakt

Ongeveer 1 inch stuk verse gember, grof gehakt (ongeveer 2 theelepels)

3-4 eetlepels grof gehakte verse muntblaadjes

3-4 eetlepels grof gehakte verse koriander

3 eetlepels yoghurt

½ theelepel suiker, of naar smaak Grote snuf zout

Verschillende goede shakes van Tabasco of andere hete saus, of ½ verse chili, gehakt

8 bloemtortilla's

Kaas met een korst zoals Lezay of Montrachet, gesneden tot ¾ inch dik

Olijfolie voor het bestrijken van tortilla's

ROUTEBESCHRIJVING

Pureer de knoflook met de gember in een keukenmachine of blender en voeg dan de munt, koriander, yoghurt, suiker, zout en hete saus toe. Draai totdat het een groene, enigszins dikke pasta vormt.

Leg 4 tortilla's en besmeer ze eerst met het koriandermuntmengsel, dan een laag geitenkaas en bedek ze met de andere tortilla's.

Bestrijk de buitenkant van elke sandwich licht met olijfolie en bak ze één voor één in een zware koekenpan met antiaanbaklaag op middelhoog vuur. Bruin enkele minuten, tot ze licht goudbruin zijn op de plekken, druk ze een beetje aan met de spatel terwijl ze koken.

Draai voorzichtig om met de spatel; als de tweede zijde bruin en goudkleurig is, moet de kaas gesmolten zijn. Haal uit de pan en snijd in punten.

Serveer onmiddellijk.

31. Quesadilla's op pompoentortilla's

DIENT 4

INGREDINTEN

2 grote mild groene chilipepers zoals Anaheim of poblano, of 2 groene paprika's

1 ui, gesnipperd

2 teentjes knoflook, gesnipperd

1 eetlepel extra vergine olijfolie

1-pond mager rundergehakt

$1/8$-$\frac{1}{4}$ theelepel gemalen kaneel, of naar smaak

$\frac{1}{4}$ theelepel gemalen komijn Snufje gemalen kruidnagel of piment

$1/3$ kopje droge sherry of droge rode wijn

$\frac{1}{4}$ kopje rozijnen

2 eetlepels tomatenpuree

2 eetlepels suiker

Een paar shakes rode wijn of sherryazijn

Zout

Zwarte peper

Een paar shakes cayennepeper, of tabasco als je paprika gebruikt in plaats van chilipepers

¼ kopje grof gehakte amandelen

2-3 eetlepels grof gehakte verse koriander, plus extra voor garnering

8 pompoentortilla's

6-8 ons milde kaas zoals Jack, manchego of Mezzo Secco

Olijfolie voor het bestrijken van tortilla's

Ongeveer 2 eetlepels zure room voor garnering

ROUTEBESCHRIJVING

Rooster de chilipepers of paprika's boven een open vuur tot ze overal licht en gelijkmatig verkoold zijn. Doe in een plastic zak of kom en dek af. Zet minstens 30 minuten opzij, want de stoom helpt de schil van het vlees te scheiden.

Bereid de picadillo voor: Fruit de ui en knoflook in de olijfolie op middelhoog vuur tot ze zacht zijn, voeg dan het rundvlees toe en kook samen, roer en breek het vlees terwijl je kookt. Als het vlees op plekken bruin is, bestrooi dan met de kaneel, komijn en kruidnagel en blijf koken en roeren.

Voeg de sherry, rozijnen, tomatenpuree, suiker en azijn toe. Kook samen ongeveer 15 minuten, af en toe roerend; als het droog lijkt, voeg dan een beetje water of meer sherry toe. Breng op smaak met zout, peper en cayennepeper en pas de suiker en azijn naar smaak aan. Voeg de amandelen en koriander toe en zet apart.

Verwijder de schil, steeltjes en zaadjes van de paprika's en snijd de paprika's in reepjes.

Leg 4 van de tortilla's neer en besmeer ze met de picadillo. Voeg de geroosterde paprikareepjes toe, vervolgens een laag kaas en bedek elk met een tweede tortilla. Druk stevig naar beneden om ze bij elkaar te houden.

Verhit een zware koekenpan met antiaanbaklaag op middelhoog vuur. Bestrijk de buitenkanten van de quesadilla's licht met olijfolie en voeg ze in porties toe aan de pan.

Zet het vuur laag tot medium-laag, bruin aan één kant, draai dan voorzichtig om met behulp van de spatel met begeleiding van je hand, indien nodig. Bak aan de tweede kant tot ze goudbruin zijn en de kaas is gesmolten.

Serveer direct, in partjes gesneden, gegarneerd met een klodder zure room en koriander.

32. Quesadilla's met gegrilde schapenkaas

DIENT 4

INGREDINTEN

8 grote bloemtortilla's

1 eetlepel gehakte verse dragon

2 grote rijpe tomaten, in dunne plakjes gesneden

8-10 ons licht droge schapenkaas

Olijfolie, voor het bestrijken van tortilla's

ROUTEBESCHRIJVING

Leg de tortilla's op een werkvlak, bestrooi met de dragon en beleg met de tomaten. Bestrooi met de kaas en bedek elk met een tweede tortilla.
Bestrijk elke sandwich met olijfolie en verwarm een zware koekenpan met antiaanbaklaag of een platte grill op middelhoog vuur. Werk 1 voor 1 en kook de quesadilla aan 1 kant; wanneer het licht goudbruin is bevlekt en de kaas smelt, draai het dan om en kook de tweede kant, druk terwijl het kookt om het plat te maken.
Serveer onmiddellijk, snijd in partjes.

33. Chili en kaas voorgerecht taart

Opbrengst: 16 porties

INGREDIËNT

15 ons Pillsbury gekoelde taartbodems; 1 pakket

1 kopje geraspte cheddarkaas

1 kopje geraspte monterey jack kaas

4 ons Old el paso gehakte groene chilipepers; gedraineerd

¼ theelepel Chilipoeder

1 kopje Old el paso dikke 'n dikke salsa

ROUTEBESCHRIJVING

Laat beide korstzakjes 15 tot 20 minuten op kamertemperatuur staan.

Verwarm de oven tot 450 F. Ontvouw een korst op een niet-ingevette bakplaat; verwijder de plastic vellen en druk de vouwlijnen eruit. Strooi kazen over de korst tot op ½ inch van de rand; bestrooi met groene chilipepers. Ontvouw de resterende korst; verwijder de plastic vellen en druk de vouwlijnen eruit. Plaats over chilipepers.

Randen afdichten met vork; prik de korst royaal met een vork. Bestrooi met chilipoeder.

Bak op 450 F. gedurende 10 tot 15 minuten of tot ze goudbruin zijn. Laat 5 minuten staan. Snijd in partjes; serveer met salsa.

34. Quesadilla's met kip en kaas

Opbrengst: 6 porties

INGREDIËNT

1 pak geraspte Monterey Jack-kaas (8 oz)

1 pak geraspte mozzarella kaas (8 oz)

6 grote bloemtortilla's

¼ pond Geitenkaas

¾ kopje gehakte gegrilde kipfilet

½ kopje Geraspte verse basilicum

Salsa van zwarte bonen en maïs

ROUTEBESCHRIJVING

Plaats Jack en mozzarella-kazen in een plastic voedselzak of kom met de bovenkant en schud om te combineren. Leg 3 tortilla's op een magnetronbestendige schaal. Strooi het kaasmengsel over de tortilla's. Strooi er geitenkaas en stukjes kip over, bestrooi met basilicum en de overige tortilla's. Magnetron 1-2 minuten op HOOG, eenmaal draaien. Serveer direct met Black Bean en Corn Salsa.

35. Garbanzo quesadillas (quesadillas de garbanzo)

Opbrengst: 1 porties

INGREDIËNT

2 kopjes Masa de maiz

1 kop Gekookte kekerbonen; (kikkererwten)

2 Rode chili ancho's

1 kopje Queso-fresco;

1 kopje zure room

Vet

Zout en peper

ROUTEBESCHRIJVING

Week, kook en schil de garbanzos.

Hol de chilipepers uit, week ze en maak ze vloeibaar. Meng de garbanzos met de chili en het maïsdeeg. Voeg zout en peper toe.

Vorm kleine tortilla's en leg een kleine hoeveelheid kaas in het midden. Vouw ze over in quesadilla's en bak ze in reuzel. Serveer met zure room.

36. Hete & pittige kip quesadilla's

Opbrengst: 4 porties

INGREDIËNT

2 theelepels Olijfolie

2 kipfilets zonder been, in reepjes gesneden

2 eetlepels Chilisaus

1 Jalapenopeper, zonder zaadjes en in blokjes gesneden

4 8 inch bloemtortilla's

1 kopje geraspte cheddarkaas

4 theelepels Canola-olie of gewone plantaardige olie

ROUTEBESCHRIJVING

Verwarm de Calphalon Solo Grillplaat voor op middelhoog vuur bovenop het fornuis. Voeg de olijfolie toe aan de hete pan. Doe de kipreepjes, chilisaus en jalapeno peper in de pan en bak tot ze gaar zijn, ca. 3-5 minuten. Verwijderen en reserveren.

Leg het kipmengsel op de ene helft van elk van de 4 bloemtortilla's. Bestrooi met kaas en vouw tot een halve cirkel.

Verwarm de Calphalon Solo Griddle nogmaals voor op medium. Vet het kookoppervlak in met een theelepel Canola-olie. Leg een gevulde tortilla op het kookoppervlak. Bak tot lichtbruin. Draai.

Herhaal met de andere drie tortilla's. Snijd elke tortilla in drie partjes en serveer met salsa en zwarte bonen.

37. Landon's quesadilla's

Opbrengst: 4 porties

INGREDIËNT

1 avocado; geschild en in blokjes gesneden

1 sap van een citroen

1 theelepel gehakte knoflook

1 zout; proeven

1 versgemalen zwarte peper; proeven

8 bloemtortilla's

1 kopje zwarte bonenpuree

4 ons monterey jack kaas

1 olijfolie

½ kopje bereide salsa

½ kopje zure room

ROUTEBESCHRIJVING

Verwarm de oven voor op 400 graden. Meng de avocado's, het citroensap en de knoflook in een mengkom. Prak het mengsel met een vork tot een gladde maar nog steeds grove massa. Kruid de guacamole met peper en zout.

Verspreid ¼ kopje zwarte bonenpuree op de bodem van een tortilla.

Strooi ¼ van de kaas over de zwarte bonenpuree. Leg een tweede tortilla op de kaas. Herhaal het proces totdat alle ingrediënten zijn gebruikt en je vier quesadilla's hebt. Leg de quesadilla's op een met bakpapier beklede bakplaat. Bak de quesadilla's ongeveer 4 tot 6 minuten of tot de kaas is gesmolten. Haal de pan uit de oven en leg op een snijplank.

Snijd elke quesadilla in vieren. Garneer de quesadilla's met de guacamole, salsa en zure room.

38. Pinto bonen en feta quesadilla's

Opbrengst: 8 porties

INGREDIËNT

16 ons Pinto bonen; gedraineerd

¾ kopje Rode uien; gehakt

½ kopje peterselie; fijn gehakt

1 Jalapenopeper; fijn gehakt

1½ theelepel Chilipoeder

½ theelepel gemalen komijn

8 Meeltortilla's

4 eetlepels fetakaas; verkruimeld

1 theelepel Canola-olie

magere zure room

Verse salsa

ROUTEBESCHRIJVING

Combineer de eerste zes ingrediënten in de processor. Gebruik aan / uit-schakelaars, verwerk tot het erg dik is. Kruid met peper en zout. (Kan 1 dag van tevoren worden bereid, dek af en laat afkoelen.)

Leg 1 tortilla op het werkvlak. Besmeer met wat bonenmengsel. Bestrooi met fetakaas en vouw dubbel. Verhit een koekenpan met antiaanbaklaag en spuit deze in met groentespray. Voeg ¼ theelepel olie en quesadilla toe. Kook tot de bonen zijn verwarmd, ongeveer 4 minuten per kant. Herhaal met andere tortilla's.

Snijd in partjes en serveer met salsa en een klodder vetvrije zure room.

39. Quesadilla's van de barbecue

Opbrengst: 4 porties

INGREDIËNT

2 teentjes knoflook

1 theelepel Plantaardige olie

16 ons Pulled pork, fijngehakt

2 theelepels basilicum, gedroogd

½ theelepel zwarte peper

1 eetlepel Boter, verzacht

4 bloemtortilla's, (8 inch)

2 kopjes Kraft's Monterey Jack Cheese, versnipperd

ROUTEBESCHRIJVING

Tijdens het doorbladeren van de Quick Cooking recepten van Taste of Home die ze me stuurden, vond ik onderstaande snelle recepten. Ik heb ze allebei naar mijn smaak aangepast en gisteravond beide geprobeerd. Het kostte me ongeveer 30 minuten om beide te bereiden en te serveren. Ze complimenteerden elkaar en waren zo lekker, ik wil ze delen.

Bak de knoflook in een middelgrote koekenpan tot ze zacht is. Roer fijngehakte pulled pork of brisket, basilicum en peper erdoor. Kook op middelhoog vuur tot het is opgewarmd.

Smeer intussen boter over één kant van elke tortilla. Leg de tortilla's met de beboterde kant naar beneden op een bakplaat. Bestrooi elk met een $\frac{1}{2}$ kopje kaas. verdeel $\frac{1}{2}$ kopje gerookt vleesmengsel over $\frac{1}{2}$ van elke tortilla en vouw het om en kook op laag gedurende één tot twee minuten aan elke kant.

Snijd in partjes; serveer met salsa of quacamole.

40. Italiaanse quesadilla's

Opbrengst: 4 porties

INGREDIËNT

4 Pruimtomaten, fijngesneden

½ kopje basilicumblaadjes, in dunne reepjes gesneden

¼ kopje Olijfolie

Balsamico azijn

Zout en peper

1 pond Vers geraspte mozzarella, halfvolle of volle melk

½ kopje Ricotta-kaas, halfvolle of volle melk

4 Bijgesneden groene uien, in dunne plakjes gesneden

¼ kopje ontpitte, met olie gezouten olijven, fijn gesneden

1 kopje gemarineerde artisjokharten, fijngehakt

Geplette rode pepervlokken, naar smaak

8 Meeltortilla's

Plantaardige olie, om de quesadilla's te koken, optioneel

¼ kopje geroosterde pijnboompitten, optioneel

ROUTEBESCHRIJVING

Meng in een mengkom de tomaten, basilicum, olijfolie en breng op smaak met balsamicoazijn, zout en peper.

Meng in een mengkom de mozzarella, ricotta, groene ui, olijven en artisjokharten; breng op smaak met zout en gemalen rode pepervlokken.

Spreid wat mengsel uit op de helft van elke tortilla, laat ongeveer $\frac{1}{4}$-inch tussen de vulling en de rand van de tortilla. Vouw elke tortilla dubbel. Bak de tortilla's ongeveer een minuut per kant in een beetje plantaardige olie tot ze goudbruin zijn en de kaas is gesmolten; warm houden in lage oven tot klaar om te serveren. Top met tomaten en basilicum en pijnboompitten.

Een andere manier om dit te doen is om de oven voor te verwarmen op 450 graden. Verspreid de vulling over het hele oppervlak van tortilla's zonder ze te vouwen. Leg ze op een bakplaat en bak ze 5 minuten of tot de kaas gesmolten is. Vouw om en serveer met de topping.

Vooral goed voor kinderen: houd wat gewone mozzarella gemengd met ricotta apart en vul de kindertortilla's hiermee in plaats van de meer uitgebreide vulling.

41. Onmogelijke quesadillataart

Opbrengst: 6 porties

INGREDIËNT

2 blikjes Groene pepers

4 Oz. gedraineerd

4 kopjes geraspte cheddar kaas

2 kopjes melk

1 kopje Bisquick

4 eieren

ROUTEBESCHRIJVING

Verwarm de oven voor op 425. Vet de taartplaat in, 10 inch. Strooi pepers en kaas in het bord. Klop de resterende ingrediënten tot een gladde massa, 15 sec. in blender op hoge snelheid of 1 min. met handklopper. Giet in taartvorm. Bak ongeveer 25-30 minuten of totdat een mes dat in het midden is gestoken er schoon uitkomt. Koel 10 minuten. Serveer met zure room en quacamole.

42. Quesadilla's van aardappelen en geroosterde rode paprika

Opbrengst: 6 porties

INGREDIËNT

2 middelgrote Aardappelen

1 middelgrote Rode paprika

1 grote Jalapeno chili peper

2 theelepels Plantaardige olie

1 kleine ui; in blokjes gesneden

2 teentjes knoflook; fijngehakt

1 eetlepel limoensap; of rode wijnazijn

1 eetlepel fijngehakte koriander

½ kopje magere, in blokjes gesneden scherpe Cheddar-kaas

Zout en zwarte peper

4 mediums Vetvrije bloemtortilla's; zes-inch diameter

ROUTEBESCHRIJVING

Kook of stoom de aardappelen 35 minuten of tot ze gaar zijn. Laat ze afkoelen, pel ze en snijd ze in achten.

Snijd de paprika en paprika verticaal doormidden en verwijder de steeltjes, zaden en vliezen. Snijd elk uiteinde in zodat de paprika's zo plat mogelijk liggen, plaats de helften met de huid naar boven op een grillrooster en plaats het rooster dicht bij de grill. Rooster de paprika's tot de schil gelijkmatig is verkoold en het vlees zacht is, ongeveer 10 minuten. Verwijder, plaats de paprika's in een papieren zak of afgedekte container en sluit af. Zet 15 minuten opzij om te stomen en af te koelen. (Hierdoor zijn de paprika's gemakkelijker te pellen.) Trek met een schilmesje de verkoolde schil weg, gooi deze weg en snijd de paprika's in blokjes.

Verwarm de oven voor op 450 graden. Verhit de olie in een grote koekenpan met antiaanbaklaag op middelhoog vuur. Voeg de uien, knoflook en aardappelen toe en bak tot de uien en aardappelen lichtbruin zijn. Doe over in een kom en pureer kort. Voeg de paprika, limoensap, koriander en kaas toe. Kruid met peper en zout en meng goed.

Leg 2 tortilla's op een niet ingevette bakplaat. Leg op elk de helft van het aardappelmengsel en klop met een spatel stevig tot op inch van de tortillarand. Bedek elke tortilla met een tweede en druk stevig op zijn plaats. Bak 5 minuten aan elke kant. Snijd elke tortilla-stapel in 6 partjes en serveer warm.

43. Snelle quesadilla's met kip

Opbrengst: 1 porties

INGREDIËNT

4 grote bloemtortilla's

½ kopje ingeblikte bonen

½ kopje salsa

¾ pond Geroosterd kippenvlees; gehakt

4 Groene uien; gehakt

1 kopje Cheddar-kaas

½ kopje magere zure room

2 kopjes sla; versnipperd

2 middelgrote Tomaten; gehakt

Voorbereiding: 10 min, Koken: 5 min.

ROUTEBESCHRIJVING

Zet de vleeskuikens aan. Schik tortilla's op een bakplaat. Verdeel de bonen over de tortilla's. Voeg salsa toe en bedek met kip, uien en kaas.

Plaats de bakplaat 1-2 minuten onder de grill of tot de kaas smelt en de tortilla's knapperig zijn. Serveer met zure room, sla en tomaten.

44. Quesadilla's van bonen en maïs

Opbrengst: 4 porties

INGREDIËNT

½ kopje Bevroren maïskorrels, ontdooid

2 eetlepels Groene ui, gesneden

¼ theelepel Komijn

16 ons Refried bonen (vetvrij)

8 Meeltortilla's (vetvrij)

¾ kopje Cheddar-kaas, niet-vet

Plantaardige kookspray

½ kopje magere zure room

1 Jalapeno -- fijngehakt

ROUTEBESCHRIJVING

Combineer de eerste vier ingrediënten in een middelgrote kom en roer goed. Verdeel ongeveer ½ kopje bonenmengsel over elk van de 4 tortilla's en bedek elk met 3 eetlepels kaas en de resterende tortilla's.

Smeer een grote koekenpan met antiaanbaklaag in met kookspray en zet hem op middelhoog vuur tot hij heet is. Voeg 1 quesadilla toe en kook 3 minuten aan elke kant, of tot ze goudbruin zijn. Haal de quesadilla uit de pan, zet apart en houd warm. Herhaal de procedure met de resterende quesadilla's.

Snijd elke quesadilla in 4 partjes. Serveer warm met zure room. Garneer met zure room en gehakte jalepenos.

45. Quesadilla's van gerookte runderborst

Opbrengst: 1 porties

INGREDIËNT

4 8 inch bloemtortilla's

1 kopje Taco-kaas of gemengde Colby en Monterey Jack

1 kopje versnipperde gerookte runderborst; (of gebruik gekookte rosbief gekruid met mesquite barbecue kruiden)

¾ kopje Chunky salsa of saus op basis van tomaten

Guacamole

ROUTEBESCHRIJVING

Verwarm de BBQ-grill voor op medium (350 graden). Borstel gesmolten margarine lichtjes aan één kant van elke tortilla. Leg de margarinezijde naar beneden op het grillrooster.

Verdeel de kaas gelijkmatig over de helft van elke tortilla, gevolgd door rundvlees en salsa.

Vouw de tortilla's over het kaasmengsel en gril 30 seconden. Draai om en grill 1 minuut om kaas te smelten en rundvlees te verwarmen.

Haal van het vuur. Snijd elke quesadilla in 3 stukken en serveer met guacamole en zure room.

AUTHENTIEKE MEXICAANSE QUESADILLAS

46. Quesadilla Luchito-stijl

VOORBEREIDINGSTIJD 5 minuten

KOOKTIJD 5 minuten

DIENT 6

INGREDINTEN

krokante chorizo:

1 theelepel olijfolie

60 g / 2 oz kookchorizo, fijngehakt

1 rode ui, in dunne ringen

1 theelepel Gran Luchito Chipotle Honing

QUESADILLA'S:

6 Gran Luchito Zachte Taco-wraps

150 g / 5 oz geraspte cheddar

150 g / 5 oz geraspte gruyère

1 pot Gran Luchito Tomatillo Salsa

ROUTEBESCHRIJVING

Verhit de olijfolie in een pan op middelhoog vuur en fruit de chorizo en ui.

Voeg Chipotle Honing toe en laat het karamelliseren en lichtjes krokant worden, haal dan je pan van het vuur en reserveer.

Voeg een flinke hoeveelheid geraspte kaas en gekarameliseerde chorizo-uien toe aan je Soft Taco Wraps en vouw dubbel.

Kook je quesadilla's boven een hete pan en laat de hitte zijn werk doen tot ze aan beide kanten goudbruin zijn en de kaas smelt.

Serveer met Gran Luchito Tomatillo Salsa.

47. Quesadilla's met bonen en varkensvlees

Kooktijd: 5 minuten

Porties: 4

INGREDINTEN

450 g bloem voor alle doeleinden

3 eetlepels koud plantaardig bakvet

1 theelepel zout

2 theelepels bakpoeder

375 ml water

1 blik (580 g) Gebakken bonen met BBQ-smaak en pulled pork

225 g cheddar kaas, geraspt

125 ml zure room

2 theelepels plantaardige olie

ROUTEBESCHRIJVING

1.Meng bloem, zout, bakpoeder en plantaardig bakvet in een kom.. Meng goed met je handen tot alles is opgenomen..

2. Voeg langzaam water toe en kneed het deeg met je handen.. Meel moet de vloeistof opnemen, je moet een glad deeg krijgen..

3. Vorm balletjes van het deeg, plaats ze één voor één in de tortillapers.. Druk om de tortilla's te vormen..

4.Verhit een gietijzeren pan op middelhoog vuur.. Voeg de tortilla's één voor één toe en kook ongeveer 30-40 seconden per kant..

5. Giet de bonen in een kom en prak ze losjes met een vork.

6.Plaats Tortilla's op een vlakke ondergrond en bestrijk de randen met water, voeg vervolgens bonen en kaas toe aan de helft van elke kant. Vouw ze om en druk op de randen om ze af te sluiten.

7. Verhit de olie in een koekenpan op middelhoog vuur en bak de ene tortilla na de andere ongeveer 3 minuten per kant. Laat iets afkoelen, serveer met zure room

48. Romige Kip Quesadilla's

Kooktijd: 15 minuten

Porties: 6

INGREDINTEN

450 g bloem voor alle doeleinden

3 eetlepels koud plantaardig bakvet

1 theelepel zout

2 theelepels bakpoeder

375 ml water

2 blikken kipfilet stukjes

1 blik (300 g) kippensoep gecondenseerde room

113 g cheddar kaas, geraspt

125 ml zure room

64 g salsa

ROUTEBESCHRIJVING

1.Meng bloem, zout, bakpoeder en plantaardig bakvet in een kom.. Meng goed met je handen tot alles is opgenomen..

2. Voeg langzaam water toe en kneed het deeg met je handen.. Meel moet de vloeistof opnemen, je moet een glad deeg krijgen..

3. Vorm balletjes van het deeg, plaats ze één voor één in de tortillapers.. Druk om de tortilla's te vormen..

4. Verhit een gietijzeren pan op middelhoog vuur.. Voeg de tortilla's één voor één toe en kook ongeveer 30-40 seconden per kant..

5. Verwarm de oven voor op 200 C.. Meng kippensoep en kipfilet met kaas in een kom..

6. Leg de tortilla's op 2 bakplaten en bestrijk de randen met water, schep de kipmix op de halve kant van elke tortilla.. Vouw om, druk op de randen om te sluiten..

7. Bak gedurende 10 minuten; serveer met zure room en salsa..

49. Tofu-Tahini Veggie Wraps

Maakt 4 wraps

INGREDINTEN

8 ons extra stevige tofu, uitgelekt en drooggedept

3 groene uien, fijngehakt

2 bleekselderijribben, fijngehakt

1/2 kop gehakte verse peterselie

2 eetlepels kappertjes

2 eetlepels vers citroensap

1 eetlepel Dijon-mosterd

1/2 theelepel zout

1/8 theelepel gemalen cayennepeper

4 (10-inch) bloemtortilla's of lavash

1 middelgrote wortel, versnipperd

4 slablaadjes

ROUTEBESCHRIJVING

Meng in een keukenmachine de tofu, tahini, groene uien, selderij, peterselie, kappertjes, citroensap, mosterd, zout en cayennepeper en verwerk tot alles goed gemengd is.

Om wraps samen te stellen, plaats je 1 tortilla op een werkoppervlak en verdeel je ongeveer 1/2 kopje van het tofu-mengsel over de tortilla. Bestrooi met geraspte wortel en garneer met een blaadje sla. Rol strak op en snij diagonaal doormidden. Herhaal met de overige ingrediënten en serveer.

50. Gedeconstrueerde Hummus Pitas

Maakt 4 pita's

INGREDINTEN

1 teen knoflook, geplet

¾ kopje tahini (sesampasta)

2 eetlepels vers citroensap

1 theelepel zout

1/8 theelepel gemalen cayennepeper

1/4 kopje water

11/2 kopjes gekookt of 1 (15,5-ounce) kikkererwten, gespoeld en uitgelekt

2 middelgrote wortelen, geraspt (ongeveer 1 kop)

4 (7-inch) pitabroodjes, bij voorkeur volkoren, gehalveerd

2 kopjes verse babyspinazie

ROUTEBESCHRIJVING

Hak de knoflook fijn in een blender of keukenmachine. Voeg de tahini, het citroensap, het zout, de cayennepeper en het water toe. Verwerk tot een gladde massa.

Doe de kikkererwten in een kom en plet ze lichtjes met een vork. Voeg de wortelen en de gereserveerde tahinisaus toe en hussel door elkaar. Opzij zetten.

Schep 2 of 3 eetlepels van het kikkererwtenmengsel in elke pitabroodje. Stop een schijfje tomaat en een paar spinazieblaadjes in elk zakje en serveer.

51. Veganistische Mediterrane Wraps

INGREDINTEN

1 middelgrote komkommer

½ theelepel (plus een paar snufjes) zout

1 middelgrote tomaat in blokjes

¼ rode ui gesnipperd

¼ groene paprika in blokjes

4 eetlepels gehakte Kalamata-olijven

1 pot (540 gram / 19 oz..) kikkererwten

200 gram (7 oz..) vegan yoghurt

2 eetlepels gehakte verse dille

1 teentje knoflook fijngehakt

1 eetlepel citroensap

2 kopjes (112 gram) gehakte sla

4 grote tortilla's

ROUTEBESCHRIJVING

Combineer de in blokjes gesneden komkommer, tomaat, rode ui, groene paprika en zwarte olijven. Giet de kikkererwten af, spoel ze af en doe ze in een kom. Plet ze met je handen of met een vork.

Meng in een kom de geraspte komkommer, vegan yoghurt, dille, knoflook, citroensap en een snufje zout en peper. Voeg 3 eetlepels van de tzatziki toe samen met ½ theelepel zout en peper. Goed mengen.

Maak de wraps met een handvol sla, gekneusde kikkererwten, gemengde groenteblokjes en een paar toefjes tzatziki.

52. Veganistische Shoarma

INGREDINTEN

1/3 kop (55 g) kikkererwten uit blik

2 eetlepels voedingsgist

Kruiden

1 Eetlepels Sojasaus

1/4 kop (65 g) Tomatenpuree

1/3 kop (80 ml) Groentebouillon

1 theelepel Dijon Mosterd

1/8 theelepels vloeibare rook

1 kop (150 g) vitale tarwegluten

Marinade

6 omslagen

Geraspte Sla

ROUTEBESCHRIJVING

Voeg de kikkererwten, edelgistvlokken, kruiden, sojasaus, tomatenpuree, paprika, groentebouillon, Dijon-mosterd en vloeibare rook toe aan de keukenmachine en maal tot alles goed gemengd is.

Voeg de vitale tarwegluten toe. Druk het plat op een werkvlak en dep het in de vorm van een grote biefstuk. Stoom

Meng de marinade en giet deze over de seitanreepjes. Bak de seitan in de marinade,

Smeer wat pittige hummus op een pitabroodje of wrap. Doe de geraspte sla en in plakjes gesneden komkommer en tomaat in een wrap, garneer met een paar seitanreepjes en werk af met een klodder vegan tzatziki.

53. Krokante vegan broodjes

Opbrengst: 24 porties

INGREDINTEN

5 Wortelen, gekookt

Zout

1 stengel bleekselderij; fijn gesneden en gekookt

Pinda- of plantaardige olie

sesamolie

3 grote uien; fijn gehakt

2 Groene uien; dun gesneden

3 Rode paprika's; fijn gehakt

20 Shiitake-paddenstoelen; fijn gehakt

1 bos korianderblaadjes; gehakt

1 pak loempiavellen; (11oz.)

1 eetlepel Maïszetmeel

ROUTEBESCHRIJVING

Doe 2 theelepels arachideolie en 2 theelepels sesamolie in een grote verwarmde koekenpan. voeg gehakte uien, gesneden groene uien en paprika toe. Schep de champignons erdoor en kook 2 tot 3 minuten.

Voeg wortel, bleekselderij en koriander toe en roer. Breng op smaak met peper en zout

Positie 1 wikkel. Borstel losgeklopt ei op de bovenhoek. Schik 1/3 kopje vulmengsel in lijn 2 inch van de benedenhoek. Wikkel de hoek over het mengsel en trek terug om aan te spannen.

Vouw over twee kanten en rol tot het einde van de wikkel. Bakken

54. Vegan gevulde koolrolletjes

INGREDINTEN

1 grote diepgevroren kool, ontdooid

2 eetlepels Olie

1 ui, gesnipperd

1 stengel bleekselderij, in blokjes gesneden

2 eetlepels In blokjes gesneden groene paprika

2 eetlepels Meel

1 46-oz. kan tomatensap

4 eetlepels Tomatenpuree

½ kopje suiker

Dash Zout, Paprika, Kerriepoeder

2 kopjes gekookte rijst

2 laurierblaadjes

1 grote appel, geschild en in blokjes gesneden

¼ kopje gouden rozijnen

ROUTEBESCHRIJVING

Verhit de olie in een koekenpan en voeg de ui, bleekselderij en groene paprika toe. Meng de kruiden erdoor. Voeg groenten toe aan rijst en meng goed. Opzij zetten.

Verwarm de olie. Roer de bloem erdoor en kook tot het bruin is. Voeg de overige sausingrediënten toe.

Voeg de koolrolletjes voorzichtig toe en leg ze een voor een in de saus. Kook gedurende 2 uur.

Leg een eetlepel vulling op de rib van het blad, vlakbij de basis. Vouw de onderkant van het blad over de vulling en rol een keer op. Vouw de zijkanten naar het midden om te omsluiten en rechte randen te maken.

55. Vegan noribroodjes

Opbrengst: 1 portie

INGREDINTEN

¼ kopje sojasaus

2 theelepels Honing

1 theelepel Gehakte knoflook

1 eetlepel Geraspte gemberwortel

1 pond Extra stevige tofu of tempeh

2 eetlepels Rijstazijn

1 eetlepel Superfijne suiker

2 kopjes Gekookte kortkorrelige bruine rijst

2 lente-uitjes fijngehakt, alleen het witte gedeelte

2 eetlepels Geroosterde sesamzaadjes

5 vellen nori

1 kopje Fijn geraspte wortelen

10 verse spinazieblaadjes, gestoomd

1½ kopje Alfalfascheuten

ROUTEBESCHRIJVING

Combineer sojasaus, honing, knoflook en gember. Voeg tofu of tempeh toe; minimaal 30 minuten marineren.

Combineer rijstazijn en suiker. Voeg rijst toe en roer de lente-uitjes en sesamzaadjes erdoor; goed mengen.

Leg een vel nori op vetvrij papier. Lepel mengsel in het midden van nori. Vouwen

56. Tofu-pitabroodjes met kerrie

Maakt 4 sandwiches

INGREDINTEN

1-pond extra stevige tofu, uitgelekt en drooggedept

1/2 kopje vegan mayonaise, huisgemaakt (zie Veganistische Mayonaise) of in de winkel gekocht

1/4 kop gehakte mangochutney, huisgemaakt (zie Mangochutney) of in de winkel gekocht

2 theelepels Dijon-mosterd

1 eetlepel hete of milde kerriepoeder

1 theelepel zout

1/8 theelepel gemalen cayennepeper

1 kop geraspte wortelen

2 bleekselderijribben, fijngehakt

1/4 kop gehakte rode ui

8 kleine Boston of andere zachte slablaadjes

4 (7-inch) volkoren pitabroodjes, gehalveerd

ROUTEBESCHRIJVING

Verkruimel de tofu en doe deze in een grote kom. Voeg de mayonaise, chutney, mosterd, kerriepoeder, zout en cayennepeper toe en roer goed tot alles goed gemengd is.

Voeg de wortelen, bleekselderij en ui toe en roer om te combineren. Zet 30 minuten in de koelkast om de smaken te laten mengen.

Stop een blaadje sla in elk pitazakje, schep wat tofumengsel op de sla en serveer.

57. Hummus Veggie Wrap

Porties 1 wrap

INGREDINTEN

1 gearomatiseerde wrap of tortilla

1/3 kopje hummus

2 plakjes komkommer, in de lengte gesneden

Handvol verse spinazieblaadjes

Gesneden tomaat

1/4 avocado, in plakjes

Verse alfalfa of broccolispruiten

Verse microgroenten

Basilicumblaadjes, indien gewenst

ROUTEBESCHRIJVING

Verspreid de hummus op de onderste 1/3 van de wrap, ongeveer 1/2 inch vanaf de onderkant, maar spreid de zijkanten uit.

Leg de komkommer, spinazieblaadjes, plakjes tomaat, plakjes avocado, tuiten, microgroenten en basilicum in laagjes.

Vouw de wrap strak, zoals je een burrito zou doen, stop alle groenten erin met de eerste rol en rol dan stevig naar het einde. Snijd doormidden en geniet.

58. Regenboog Veggie Wraps

Porties: 4

INGREDINTEN

4 (8 inch) meergranen tortilla's of wraps

1 kop bereide olijvenhummus

2 ons dun gesneden Cheddar-kaas

1 ⅓ kopje babyspinazie

1 kop gesneden rode paprika

1 kopje broccolispruiten

1 kop dun gesneden rode kool

1 kop julienne wortelen

Groene godinnendressing om te serveren

ROUTEBESCHRIJVING

Verspreid elke tortilla met 1/4 kop hummus. Top elk met een vierde van de Cheddar, spinazie, paprika, spruitjes, kool en wortelen. Rol elke wrap op.

Snijd de wraps in rondjes van 1 inch. Serveer eventueel met dressing om te dippen.

59. Quesadilla's Met salsa

Kooktijd: 10 minuten

Porties: 6

INGREDINTEN

450 g bloem voor alle doeleinden

3 eetlepels koud plantaardig bakvet

1 theelepel zout

2 theelepels bakpoeder

375 ml water

384 g Monterey Jack kaas, geraspt

180 ml Chunky salsa

2 groene uien, in plakjes

2 eetlepels canola-olie

ROUTEBESCHRIJVING:

1.Meng bloem, zout, bakpoeder en plantaardig bakvet in een kom.. Meng goed met je handen tot alles is opgenomen..

2. Voeg langzaam water toe en kneed het deeg met je handen.. Meel moet de vloeistof opnemen, je moet een glad deeg krijgen..

3. Vorm balletjes van het deeg, plaats ze één voor één in de tortillapers.. Druk om de tortilla's te vormen..

4.Verwarm een gietijzeren pan op middelhoog vuur.. Voeg de tortilla's één voor één toe en kook ongeveer 30-40 seconden per kant..

5.Plaats de tortilla's op een vlakke ondergrond en bestrijk de randen met water.

6. Leg 65 g kaas, 1 eetlepel salsa en 2 theelepels uien op de helft van elke tortilla, vouw hem dubbel en druk aan om te sluiten.

7. Verhit olie in een pan op medium eten. . Bak quesadilla's in porties goudbruin en serveer met salsa..

60. Quesadilla's met bonen en kaas

Kooktijd: 10 minuten

Porties: 6

INGREDINTEN

450 g bloem voor alle doeleinden

473 g bonen, gebakken

3 eetlepels koud plantaardig bakvet

120 ml Pace Picante saus

256 g Monterey Jack kaas, geraspt

1 theelepel zout

2 theelepels bakpoeder

2 groene uien, in plakjes

375 ml water

ROUTEBESCHRIJVING:

1.Meng bloem, zout, bakpoeder en plantaardig bakvet in een kom.. Meng goed met je handen tot alles is opgenomen..

2. Voeg langzaam water toe en kneed het deeg met je handen.. Meel moet de vloeistof opnemen, je moet een glad deeg krijgen..

3. Vorm balletjes van het deeg, plaats ze één voor één in de tortillapers.. Druk om de tortilla's te vormen..

4.Verwarm een gietijzeren pan op middelhoog vuur.. Voeg de tortilla's één voor één toe en kook ongeveer 30-40 seconden per kant..

5. Combineer bonen en saus in een kom..

6.Plaats 6 Tortilla's op twee bakplaten en bestrijk de randen met water.

7. Doe 86 g bonenmix, ui en kaas over de helft van elke tortilla, dek af met de overgebleven tortilla's en druk aan om te sluiten.

8. Verwarm de oven voor op 200 C en bak 9 minuten.. Snijd elke quesadilla in 4 plakjes.. Serveer warm..

61. Rundvlees Crunch

Kooktijd: 20 minuten

Porties: 6

INGREDINTEN

450 g bloem voor alle doeleinden

128 g Mexicaanse kaas, geraspt

3 eetlepels koud plantaardig bakvet

256 g sla, versnipperd

1 theelepel zout

1 tomaat, in blokjes gesneden

2 theelepels 32 g fijngehakte koriander

bakpoeder

1 limoen, geperst

375 ml water

120 ml zure room

0,5 kg rundergehakt

60 ml water

64 g queso-fresco

1 pakje tacokruiden

ROUTEBESCHRIJVING:

1.Meng bloem, zout, bakpoeder en plantaardig bakvet in een kom.. Meng goed met je handen tot alles is opgenomen..

2. Voeg langzaam water toe en kneed het deeg met je handen.. Meel moet de vloeistof opnemen, je moet een glad deeg krijgen..

3. Vorm balletjes van het deeg, plaats ze één voor één in de tortillapers.. Druk om de tortilla's te vormen..

4.Verwarm een gietijzeren pan op middelhoog vuur.. Voeg de tortilla's één voor één toe en kook ongeveer 30-40 seconden per kant..

5.Verhit een pan op middelhoog vuur gedurende 3 minuten.. Voeg rundvlees toe en kook gedurende 9 minuten, vaak roerend.. Voeg water, tacokruiden toe en kook gedurende 11 minuten..

6. Leg Tortilla's op een vlakke ondergrond, voeg 2 eetlepels queso, 125 g rundvlees, 1 tostada toe, smeer wat zure room over de tostada, voeg tomaat, koriander, sla, wat limoen en kaas in het midden van elke tortilla.. Rol ze op en verzegel de eindes..

7. Vet de pan in met olie en zet op middelhoog vuur.. Leg een opgerolde tortilla in de pan en bak tot hij goudbruin is.. Doe hetzelfde met de andere tortilla's, serveer..

62. Kippesto

Kooktijd: 5 minuten

Porties: 4

INGREDINTEN

450 g bloem voor alle doeleinden

3 eetlepels koud plantaardig bakvet

1 theelepel zout

2 theelepels bakpoeder

375 ml water

256 g gekookte, in blokjes gesneden kip

4 eetlepels pesto

1 wortel, dun gesneden

256 g verse babyspinazie

1 rode paprika, in plakjes

ROUTEBESCHRIJVING:

1. Meng bloem, zout, bakpoeder en plantaardig bakvet in een kom.. Meng goed met je handen tot alles is opgenomen..

2. Voeg langzaam water toe en kneed het deeg met je handen.. Meel moet de vloeistof opnemen, je moet een glad deeg krijgen..

3. Vorm balletjes van het deeg, plaats ze één voor één in de tortillapers.. Druk om de tortilla's te vormen..

4. Verwarm een gietijzeren pan op middelhoog vuur.. Voeg de tortilla's één voor één toe en kook ongeveer 30-40 seconden per kant..

5. Combineer kip met pesto in een kleine kom..

6. Leg Tortilla's op een vlakke ondergrond.. Voeg 1/4 spinazie, 1/4 peper, 1/4 wortel en 1/4 kip toe aan het midden van elke tortilla.. Rol op en serveer..

63. Perziken en room dessert taco

Kooktijd: 15 minuten

Porties: 6

INGREDINTEN

450 g bloem voor alle doeleinden

3 eetlepels koud plantaardig bakvet

1 theelepel zout

2 theelepels bakpoeder

375 ml water

2 rijpe perziken, in schijfjes

113 g roomkaas

1 theelepel vanille-extract

128 g poedersuiker

1 ½ eetlepel slagroom

ROUTEBESCHRIJVING

1.Meng bloem, zout, bakpoeder en plantaardig bakvet in een kom.. Meng goed met je handen tot alles is opgenomen..

2. Voeg langzaam water toe en kneed het deeg met je handen.. Meel moet de vloeistof opnemen, je moet een glad deeg krijgen..

3. Vorm balletjes van het deeg, plaats ze één voor één in de tortillapers.. Druk om de tortilla's te vormen..

4. Verhit een gietijzeren pan op middelhoog vuur.. Voeg de tortilla's één voor één toe en kook ongeveer 30-40 seconden per kant..

5. Klop de roomkaas in een kom.. Voeg vanille toe en meng goed..

6. Voeg poedersuiker toe en klop goed.. Voeg room toe en meng opnieuw..

7. Schep het mengsel op de Tortilla's en garneer met perziken.. Serveer..

64. Spinazie quesadilla's

Opbrengst: 1 porties

INGREDIËNT

1 Gehakte groene paprika

1 Gesnipperde ui

½ bos Gehakte Spinazie

1 blik Gespoelde zwarte bonen

½ pak Taco-kruiden (of je favoriete Mexicaanse kruiden)

ROUTEBESCHRIJVING

Combineer 1 gesnipperde groene paprika, 1 gesnipperde ui, ½ bos gehakte spinazie, 1 blik afgespoelde zwarte bonen & ½ pkg tacokruiden (of je favoriete Mexicaanse kruiden). Voeg een beetje gereserveerd bonensap toe als het mengsel droog lijkt.

Leg bloemtortilla's op een bakplaat. Mijn bakplaat kan 2 burrito's of 3 kleine tortilla's bevatten... beide maten werken prima. Verdeel het groentemengsel over de tortilla's. Bestrooi eventueel met kaas.

Plaats de bakplaat onder een hete grill en ga daar staan. Dwaal niet af :) Zodra de randen van de tortilla's bruin beginnen te worden, trek je de bakplaat eruit en vouw je ze met een spatel dubbel. Leg het vel een minuutje terug onder de grill tot de tortilla's beginnen te blaren en bruin worden. Pas op... als uw vleeskuikens net als de mijne zijn... duurt het ongeveer 10 seconden van niet helemaal gaar tot zwartgeblakerd. Trek ze er weer uit en draai ze allemaal om.

Rooster de andere kant. Verwijder en snijd in tweeën of in drieën om driehoeken te vormen.

65. Quesadilla's met everzwijnworst en rode salsa

Opbrengst: 12 porties

INGREDIËNT

2 kopjes Gesneden wildzwijnworst; gebakken

2 eetlepels Gehakte koriander

1 eetlepel Jalapeno; gesteeld, gezaaid en fijn gesneden

1 Rijpe mango of papaja; geschild, gezaaid en in kleine blokjes gesneden

1 Poblano-chili; geroosterd, gesteeld, geschild en in dunne reepjes gesneden

1 limoen; sap van

3 kopjes geraspte jack cheese

12 Meeltortilla's

3 eetlepels Plantaardige olie

2 kopjes gevulde en gehakte verse pruimtomaten

1 kopje fijngehakte rode ui

¾ kopje gehakte verse koriander

2 theelepels fijngehakte jalapeno chili

2 eetlepels vers limoensap

Zout; proeven

Grond zwarte peper; proeven

ROUTEBESCHRIJVING

Voor salsa: Combineer tomaten, ui, koriander en jalapeno. Voeg limoensap toe en meng grondig. Kruid met peper en zout. Zet opzij tot klaar voor gebruik.

Voor quesadilla's: combineer in een middelgrote kom de eerste zeven ingrediënten en gooi om te combineren. Leg zes bloemtortilla's op een schone snijplank. Verdeel het kalkoenmengsel over elke bloemtortilla. Bestrooi met de resterende bloemtortilla's. Breng een grote bakpan of bakplaat op middelhoog vuur en bestrijk met een kleine hoeveelheid plantaardige olie. Plaats een bloemtortillasandwich in de pan of bakplaat en kook tot ze goudbruin zijn of ongeveer 4 minuten. Pak met een spatel de bloemtortilla-sandwich op om het koken goudbruin te maken of tot de kaas is gesmolten. Haal uit de pan of bakplaat en leg op een snijplank. Snijd in zes partjes. Serveer warm met tomatensalsa. Herhaal het kookproces met elke tortilla.

66. Quesadilla lasagne

Opbrengst: 1 porties

INGREDIËNT

1 rol van 16 oz milde worst

1 pot van 8 oz dikke salsa

1 pak (1,5 oz) tacokruiden

1 bak; (12 oz) kwark

1 pak (8 oz) geraspte kaas in Mexicaanse stijl; verdeeld

2 eieren; geslagen

10 7-inch bloemtortilla's

1 blik (4,5 oz) gehakte groene chilipepers; gedraineerd

1 blik (2 1/4 oz) gehakte rijpe olijven

1 blik (2 1/4 oz) gesneden rijpe olijven

ROUTEBESCHRIJVING:

Verwarm de oven tot 350. In middelgrote koekenpan bruine worst op middelhoog vuur. Haal van het vuur; vet afvoeren. Roer de salsa en tacokruiden erdoor. Combineer kwark, 1 kop kaas en eieren in een middelgrote kom.

Vet 13 x 9 pan in en plaats 8 tortilla's over de bodem en de bovenkant van de pan.

Schep de helft van het vleesmengsel en de helft van het kwarkmengsel over de tortilla's. Leg er twee tortilla's op en schep het resterende vleesmengsel en het kwarkmengsel erop. Bestrooi met groene chilipepers, olijven en resterende kaas. Bak op 350 gedurende 45 - 50 minuten bedekt met aluminiumfolie. Ontdek en bak 5 minuten langer of tot de kaas bubbelt. Serveer warm.

67. Quesadilla's van zoete aardappel

Opbrengst: 4 porties

INGREDIËNT

1½ kopje fijngehakte ui

2 teentjes knoflook; fijngehakt

Groentebouillon

4 kopjes Geraspte zoete aardappel (ongeveer 3 aardappelen) geschild of ongeschild!

½ theelepel gedroogde oregano

1 theelepel Chilipoeder

2 theelepels gemalen komijn

1 snuifje (royaal) Cayenne

Zout en peper naar smaak

1 kop Vetvrije Cheddar-kaas; geraspt; of plakjes van iets dat zal smelten

8 Tortilla's

ROUTEBESCHRIJVING

Fruit de uien in een beetje bouillon in een grote koekenpan met antiaanbaklaag tot ze heel zacht zijn, voeg zo nodig bouillon toe.

Voeg knoflook toe en roer 30 seconden.

Voeg meer bouillon, geraspte zoete aardappelen en kruiden toe en roer ongeveer 10 minuten op middelhoog vuur tot de zoete aardappel zacht is. Dit vereist aandacht en meer bouillon, omdat de zoete aardappelen zullen blijven plakken, zelfs aan de antiaanbaklaag. Maar wees niet te krachtig met roeren, anders veranderen de zoete aardappelen in pap.

Als de bouillon gaar is, zorg er dan voor dat alle bouillon is verdampt en haal het zoete aardappelmengsel van het vuur. Leg elk 1 tortilla op de bodem van 4 metalen taartvormen van ongeveer dezelfde diameter als de tortilla's. Verdeel het zoete aardappelmengsel over de pannetjes en bestrooi met de kaas. Dek af met de overige tortilla's en druk stevig aan. Bak op 425 graden F. gedurende ongeveer 10-12 minuten, tot de bovenkanten bruin beginnen te worden en de tortilla's krokant zijn. Haal uit de taartvormen met een spatel en snij in partjes om te serveren. Serveert 4.

68. Tomaat en kaas quesadilla's

Opbrengst: 16 wiggen

INGREDIËNT

1 kop gezaaide, in blokjes gesneden pruimtomaten

2 eetlepels Gehakte verse koriander of peterselie

1 Jalapenopeper, fijngehakt

1 eetlepel Gehakte rode of groene ui

1 eetlepel vers limoensap

Zout naar smaak

4 bloemtortilla's (9 tot 10 inch)

1 kopje geraspte extra oude cheddarkaas

Olijfolie

Zure room en gehakte groene uien

ROUTEBESCHRIJVING

Meng in een kom tomaten, koriander, jalapeno, ui, limoensap en zout.

Leg de tortilla's op het werkoppervlak en schep het tomatenmengsel over de helft van elke tortilla. Bestrooi met kaas. Vouw de gewone helft van de tortilla over de vulling en druk zachtjes om te verzegelen. Bestrijk ze licht met olijfolie en leg ze op een ingevette grill op middelhoog vuur.

Bak ongeveer 4 minuten aan elke kant of tot ze bruin en knapperig zijn. Snijd elk in 4 partjes en garneer met zure room en groene ui.

69. Aubergine, rode ui en geitenkaas quesadilla

Opbrengst: 4 porties

INGREDIËNT

4 gekruiste plakjes rode ui; 1/4 inch dik

4 Overlangse plakken aubergine; ongeschild, 1/4 inch; dik

Drie; (6 inch) bloemtortilla's

$\frac{1}{4}$ kopje geraspte Monterey Jack

$1\frac{1}{2}$ kopje verkruimelde geitenkaas

Zout en versgemalen peper

1 eetlepel Olijfolie

ROUTEBESCHRIJVING

Maak een houtskoolfornuis en laat deze afbranden tot sintels, of verwarm de grill voor. Verwarm de oven voor op 450 F.

Gooi de aubergine en rode uien in de olijfolie en breng op smaak met zout en peper. Grill de ui plakjes 2 minuten aan elke kant en de aubergine $1\frac{1}{2}$ minuut aan elke kant. Opzij zetten Leg 2 tortilla's op een niet ingevette bakplaat. Verdeel de helft van de kazen, aubergine en ui erover en breng op smaak met zout en peper. Stapel de 2 lagen op elkaar en dek af met de resterende tortilla.

Kan tot nu toe worden voorbereid en gekoeld bewaard. Bak 8 tot 12 minuten, of tot de tortilla's licht krokant zijn en de kaas is gesmolten.

Snijd in vieren en serveer warm.

DIPPEN

70. Zongedroogde tomaatjes Spread

INGREDINTEN

Twee eetlepels voorgekookte grote witte bonen

1/2 kop walnoten

Tien plakjes zongedroogde tomaten

Een eetlepel olijfolie of andere olie naar keuze

Twee eetlepels pompoenpitten

Een teentje knoflook

Verse basilicum, kruidenzout en peper of andere kruiden naar keuze

ROUTEBESCHRIJVING

Combineer ingrediënten in een blender en mix tot een gladde en romige massa.

71. Hummus dromen

INGREDINTEN

1 kop voorgekookte kikkererwten

1/2 kop walnoten

1 theelepel tahini (sesampasta)

1 theelepel komijn

1 theelepel witte wijnazijn

Zout en peper

Verse asperges om als topping te gebruiken

ROUTEBESCHRIJVING

Combineer ingrediënten in een blender en mix tot een gladde en romige massa.

72. Quesadillasaus/dip

3 personen

5 minuten

INGREDINTEN

1/2 kop mayonaise

2 el room

2 theelepel Jalapeño (gehakt)

2 theelepels jalapeñosap

2/3 suiker

1/2 theelepel komijn geroosterd

1/2 theelepel paprika

1/8 theelepel knoflookpoeder

Zout naar smaak

ROUTEBESCHRIJVING

Neem een kom en doe er mayonaise in. Voeg suiker en paprika toe

Vervolgens geroosterde gemalen komijn met knoflookpoeder en zout. Mix het en voeg een klein beetje room toe.

Voeg dan op het einde gehakte of gehakte jalapeños toe met jalapeñowater. Meng het goed

Verdeel het over quesadillatortilla's en serveer ermee. (zie recept)

73. Rum appel vulling

Voor 2 kopjes (480 g)

INGREDINTEN

4 kopjes (600 g) grof gehakte appels, geschild en zonder klokhuis

3 eetlepels (45 ml) water

2 eetlepels (28 g) boter

1 theelepel kaneel

1/3 kop (67 g) suiker

1/3 kop (50 g) donkere rozijnen

1 eetlepel (8 g), plus 1 theelepel maizena

2 eetlepels (28 ml) rum of sinaasappelsap

ROUTEBESCHRIJVING

1 In een middelgrote pan op middelhoog vuur, combineer de appels, water, boter, kaneel en suiker.

2 Roer en kook om de suiker op te lossen. Wanneer de suiker is opgelost en het mengsel bubbelt, zet je het vuur lager. Roer de rozijnen erdoor.

3 Dek af en laat 5 minuten sudderen, af en toe roeren, of tot de appels zacht zijn.

4 Meng in een kleine schaal de maizena en rum of sinaasappelsap. Roer door de appels en kook ongeveer 1 minuut of tot de appels bubbelen en dikker worden. Zet het van het vuur en laat het volledig afkoelen voordat je het gebruikt om de bloemtortilla "Empanadas" te vullen. Werk af met crème anglaise.

74. Pompoen vulling

Voor 2 kopjes (480 g)

INGREDINTEN

1 blik (15 ons of 425 g) stevige pompoen (geen pompoentaartvulling)

2 eetlepels (30 g) bruine suiker

1 theelepel gemalen kaneel

ZOETE AARDAPPEL VULLING

Voor 2 kopjes (480 g)

2 kopjes (656 g) zoete aardappelpuree, vers gebakken of ingeblikt

1 eetlepel (15 g) bruine suiker

1 theelepel gemalen kaneel

ROUTEBESCHRIJVING

1 Meng in een middelgrote kom, met behulp van een elektrische mixer, de pompoen, bruine suiker en kaneel tot de bruine suiker is opgelost en de ingrediënten goed gemengd zijn.

2 Gebruik om Empanadas te vullen. Werk af met Cajeta of Dulce de Leche.

1 Meng in een middelgrote kom, met behulp van een elektrische mixer, de zoete aardappelen, bruine suiker en kaneel tot de bruine suiker is opgelost en de ingrediënten goed gemengd zijn.

2 Gebruik om Empanadas te vullen. Top af met ananassaus.

75. Zoete mascarpone

Voor 1 kop (225 g)

INGREDINTEN

8 ons (225 g) mascarpone of roomkaas

1/2 kop (100 g) suiker

1 of 2 eetlepels (15 tot 30 g) Griekse yoghurt

ROUTEBESCHRIJVING

1 Meng in een middelgrote kom de mascarpone of roomkaas en suiker.

2 Gebruik een elektrische mixer om de kaas en suiker te combineren. Om de roomkaas te verdunnen, voeg je indien nodig Griekse yoghurt toe om de gewenste textuur te krijgen.

3 Klop tot luchtig. Koel tot klaar om te serveren.

76. Crème anglaise

Voor 2 kopjes (480 g)

INGREDINTEN

3/4 kop (175 ml) volle melk

3/4 kop (175 ml) zware room

4 eidooiers

4 eetlepels (52 g) suiker

2 theelepels puur vanille-extract

ROUTEBESCHRIJVING

1 In een middelgrote pan op laag vuur, combineer de melk en room. Verwarm gedurende 5 minuten of tot de vloeistof suddert en de bubbels net het oppervlak breken. Haal van het vuur.

2 Klop in een middelgrote kom de eidooiers en de suiker gedurende 2 minuten of tot de suiker is opgelost en het mengsel lichtgeel is.

3 Klop het hete melkmengsel geleidelijk onder voortdurend roeren bij de dooiers. Doe het mengsel terug in de pan op laag vuur.

4 Kook en roer 5 minuten of tot de custard dikker wordt en de achterkant van een lepel bedekt. Niet koken.

5 Haal van het vuur. Roer de vanille erdoor. Laat iets afkoelen.

6 Giet de vloeistof door een fijne zeef in een bak met een goed sluitend deksel. Dek af en laat afkoelen. Koel Serveren.

77. Mexicaanse karamelsaus

Voor 1 1/2 kopjes (360 g)

INGREDINTEN

4 kopjes (946 ml) volle geiten- of koemelk

11/4 kopjes (250 g) suiker

1/2 theelepel bakpoeder

1 theelepel puur vanille-extract (gecertificeerde Mexicaanse vanille indien beschikbaar)

ROUTEBESCHRIJVING

1 In een middelgrote zware pan op middelhoog vuur, combineer de melk, suiker en bakpoeder.

2 Kook, af en toe roerend met een hittebestendige spatel of houten lepel, tot de suiker is opgelost en de melk schuimig en licht wordt, ongeveer 15 minuten.

3 Ga door met zachtjes koken, roer regelmatig en schraap de zijkanten van de pan. Kook ongeveer 45 minuten tot 1 uur of tot het mengsel dikker wordt en goudbruin wordt.

4 Onder voortdurend roeren, blijf koken tot het mengsel dik is. Het moet plakkerig genoeg zijn zodat wanneer een spatel over de bodem van de pot schraapt, een "spoor" 1 seconde open blijft. Haal van het vuur. Roer de vanille erdoor.

5 Breng over naar een hittebestendige pot met wijde opening. Dit kan tot 3 maanden gekoeld bewaard worden. Verwarm voorzichtig door de pot in een pan met heet, niet kokend water te plaatsen.

78. Ananassaus

Voor 2 kopjes (280 g)

INGREDINTEN

2 kopjes (330 g) grof gehakte verse ananas of 1 blik (20 ons of 560 g) geplette ananas

3 eetlepels (42 g) boter

2 eetlepels (26 g) turbinado of kristalsuiker

1/2 theelepel puur vanille-extract

Snufje zout

ROUTEBESCHRIJVING

1 In een middelgrote pan op middelhoog vuur, combineer de ananas, boter en suiker.

2 Roer en kook om de suiker op te lossen. Wanneer de suiker is opgelost en het mengsel bubbelt, zet je het vuur lager. Laat 5 minuten sudderen, af en toe roerend, of tot de saus ingedikt en stroperig is.

3 Roer de vanille en het zout erdoor.

4 Serveer warm of op kamertemperatuur.

79. Fruit pico

Voor 4 kopjes (560 g)

INGREDINTEN

1 pint (340 g) aardbeien, gepeld en grof gehakt, om 2 kopjes te maken

1 perzik of mango, geschild en in stukjes gesneden, voor 1 kop (175 g)

1 Granny Smith-appel, ongeschild en in stukjes gesneden, voor 1 kop (125 g)

1 theelepel citroensap

ROUTEBESCHRIJVING

1 Meng in een middelgrote kom de gehakte aardbeien, perzik of mango en appel.

2 Gooi om te combineren. Roer het citroensap erdoor. Koel tot klaar om te serveren.

80. Avocado liefde

INGREDINTEN

Een avocado

Twee eetlepels vers geperst citroensap

Zout en peper

Een snufje zwart zout voor de smaak van ei (optioneel)

ROUTEBESCHRIJVING

Combineer ingrediënten in een blender en mix tot een gladde en romige massa.

81. Pimiento spread voor broodbeleg

Opbrengst: 2 porties

INGREDIËNT

½ kopje Tofu

2 eetlepels Olie

2 eetlepels Appelciderazijn

1 eetlepel suiker

1½ theelepel Zout

⅛ theelepel zwarte peper

snufje Knoflookpoeder

1 pond Stevige tofu; verkruimeld

3 eetlepels Zoete augurkrelish

½ kopje pimiento's; uitgelekt en gehakt

ROUTEBESCHRIJVING

Combineer de eerste 7 ingrediënten in een blender en mix tot een gladde en romige massa.

Combineer in een kom met de overige ingrediënten. Het beste als het 's nachts wordt gekoeld.

82. Broodje Tofu

Opbrengst: 4 porties

INGREDIËNT

10 ons stevige tofu

½ Groene paprika; in blokjes gesneden

1 stengel bleekselderij; in blokjes gesneden

1 wortel; geraspt

4 kleine Groene uien; gesneden

1 eetlepel Peterselie

1 eetlepel Kappertjes

2 eetlepels mayonaisevervanger op tofubasis

1 eetlepel Bereide mosterd

½ theelepel vers citroensap

¼ theelepel Peper

¼ theelepel tijm

ROUTEBESCHRIJVING

Meng alle ingrediënten door elkaar en serveer op je favoriete brood met spruitjes, tomaten en komkommers.

83. Veggie sandwich spread

Opbrengst: 1 porties

INGREDIËNT

1 pakje Stevige tofu

½ kopje sojamayonaise

1 elke Groene ui, in blokjes gesneden

1 groene paprika, in blokjes gesneden

1 elke stengel bleekselderij, gehakt

¼ kopje zonnebloem- of sesamzaad

1 eetlepel Sojasaus

1 theelepel kerriepoeder

1 theelepel Kurkuma

1 theelepel Knoflookpoeder

ROUTEBESCHRIJVING

Verkruimel de tofu met een vork. Voeg de overige ingrediënten toe en meng goed.

Serveer op crackers of brood.

84. Indiase linzenspread

Opbrengst: 2 porties

INGREDIËNT

1 kop Gekookte linzen

4 teentjes knoflook; ingedrukt

2 theelepels gemalen koriander

1 theelepel gemalen komijn

½ theelepel gemalen kurkuma

½ theelepel Chilipoeder

½ theelepel Gemalen gember

ROUTEBESCHRIJVING

Combineer alle ingrediënten in een kleine steelpan. Kook zachtjes op laag vuur, af en toe roerend, gedurende 5 minuten, zodat de smaken zich kunnen vermengen.

Koel gedurende 1 uur.

85. Broodje kikkererwten

Opbrengst: 4 porties

INGREDIËNT

1 kop kikkererwten; gekookt

Knoflookpoeder naar smaak

3 eetlepels Italiaanse saladedressing

Zout en peper naar smaak

ROUTEBESCHRIJVING

Prak kikkererwten met een vork en voeg kruiden toe.

Serveer op geroosterd volkorenbrood met sla en plakjes tomaat.

86. Curry bonenpasta

Opbrengst: 8 porties

INGREDIËNT

¾ kopje water

1 ui; fijn gesneden

1 kopje in blokjes gesneden bleekselderij

1 Groene paprika; in blokjes gesneden

½ kopje In blokjes gesneden wortel

2 cl knoflook; fijngehakt

2½ theelepel kerriepoeder

½ theelepel gemalen komijn

1 eetlepel Sojasaus

3 kopjes Gekookte witte bonen

ROUTEBESCHRIJVING

Doe het water in een pan en voeg alle groenten en de knoflook toe.

Kook, af en toe roerend, gedurende 15 minuten. Roer de kerriepoeder, komijn en sojasaus erdoor en meng goed.

Haal van het vuur. Voeg de bonen toe; goed mengen. Doe het mengsel in een keukenmachine of blender en verwerk het kort tot het gehakt maar niet gepureerd is. Chillen.

87. Salade Sandwich Spread

Opbrengst: 4

INGREDINTEN

4 zongedroogde tomaten helften

1 – [15,5 oz. blik] kikkererwten, uitgelekt en afgespoeld

1 theelepel gele mosterd

1 ½ theelepel hete saus

½ theelepel vloeibare rook

1 theelepel tahin

½ theelepel pure ahornsiroop

1 ½ theelepel natriumarm tamari

½ theelepel knoflookpoeder

¼ theelepel uienpoeder

¾ theelepel gerookte paprika

½ theelepel zeezout

¼ tot ½ kopje augurk relish

DIENSTEN IDEEN:

Geraspte sla

Gesneden tomaten

Geroosterd brood (of wrap)

Augurk relish of augurken

ROUTEBESCHRIJVING

Doe de zongedroogde tomatenhelften in een kleine kom, bedek ze met kokend water en laat ze 5 minuten staan om zacht te worden. Verwijder na 5 minuten de zacht geworden zongedroogde tomatenhelften (gooi het water weg), hak ze fijn en doe ze in een keukenmachine.

Doe alle overige ingrediënten in een keukenmachine. Pulseer een paar keer totdat alle ingrediënten gelijkmatig zijn verdeeld.

Optioneel: Roer de uitgelekte augurkrelish of gehakte augurken erdoor.

Proef de smaak en pas ingrediënten dienovereenkomstig aan naar persoonlijke voorkeuren.

Serveer op geroosterd brood of in een wrap met geraspte sla met plakjes tomaat.

88. Tofuna Sandwich Spread

INGREDINTEN

8-ounce pakket gebakken tofu

1/2 kopje veganistische mayonaise, of naar wens

1 grote stengel bleekselderij, fijngesneden

1 lente-uitje (alleen het groene deel), in dunne plakjes gesneden

2 eetlepels voedingsgist

ROUTEBESCHRIJVING

Verkruimel de tofu met je handen fijn in een mengkom. Of je kunt de tofu in een paar stukjes breken, in een keukenmachine doen en aan en uit pulseren tot het fijn en gelijkmatig is gehakt, en dan overbrengen naar een mengkom.

Voeg de mayonaise en bleekselderij toe. Meng grondig. Roer een of beide optionele ingrediënten erdoor. Doe over in een kleinere serveerschaal of serveer rechtstreeks uit de mengkom.

89. Koriandersaus

Opbrengst: 3 kopjes

INGREDIËNT

2 middelgrote ui(en), in vieren

5 Knoflookteentjes

1 Groene paprika,

Zonder klokhuis, zonder zaadjes, in blokjes gesneden

12 Cachucha pepers

Gesteeld en gezaaid of

3 eetlepels In blokjes gesneden rode paprika

1 bosje koriander

Gewassen en gesteeld

5 korianderblaadjes

1 theelepel gedroogde oregano

1 kopje extra vergine olijfolie

½ kopje rode wijnazijn

Zout en peper

ROUTEBESCHRIJVING

Pureer de uien, knoflook, paprika, koriander en oregano in een keukenmachine. Voeg de olijfolie, azijn, zout en peper toe en pureer tot een gladde massa.

Corrigeer de kruiden, voeg naar smaak meer zout of azijn toe.

Breng de saus over in schone glazen potten. Gekoeld is het enkele weken houdbaar.

90. Mexicaanse groene sofrito

Opbrengst: 1 kop

INGREDIËNT

2 eetlepels Olijfolie

1 kleine ui(en)

Fijngehakt (1/2 kop)

1 bosje lente-uitjes, bijgesneden

Fijn gesneden

4 teentjes knoflook, fijngehakt

1 Groene paprika

Zonder klokhuis, gezaaid

Fijn gesneden

$\frac{1}{4}$ kopje koriander, gehakt

4 Culentro bladeren

Fijn gesneden (optioneel)

$\frac{1}{2}$ theelepel Zout of naar smaak

Zwarte peper naar smaak

ROUTEBESCHRIJVING

Verhit de olijfolie in een koekenpan met antiaanbaklaag. Voeg de ui, lente-uitjes, knoflook en paprika toe.

Kook op middelhoog vuur tot ze zacht en doorschijnend maar niet bruin zijn, ongeveer 5 minuten, al roerend met een houten lepel.

Roer de koriander, peterselie, zout en peper erdoor. kook het mengsel een minuut of twee langer. Corrigeer de kruiden, voeg naar smaak zout en peper toe.

Breng over naar een schone glazen pot. Gekoeld is het maximaal 1 week houdbaar.

91. Varkensrub op Mexicaanse wijze

Opbrengst: 1 porties

INGREDIËNT

2 eetlepels komijn; grond

2 eetlepels Knoflook; fijngehakt

2 eetlepels Koriander; vers, grof gehakt

2 eetlepels Zwarte peper; vers gekraakt

2 eetlepels Zout

2 eetlepels Witte azijn

2 eetlepels gele mosterd

2 eetlepels Jalapenopeper; fijngehakt

2 eetlepels Olijfolie

ROUTEBESCHRIJVING

Combineer alle ingrediënten en meng goed. Gebruik binnen twee dagen na bereiding.

Wrijf varkenshaas met kruidenmengsel en rook gedurende $1\frac{1}{2}$ uur per pond bij 240-250F.

92. Groentedip

Opbrengst: 12 porties

INGREDIËNT

1 kopje Mayonaise

1 kopje zure room

¼ theelepel Knoflookpoeder

1 theelepel Peterselievlokken

1 theelepel gekruid zout

1½ theelepel dillezaad

ROUTEBESCHRIJVING

Meng alle ingrediënten en laat afkoelen. Best een dag van tevoren gemaakt.

Serveer met rauwe groenten: selderij, wortelen, komkommers, paprika's, bloemkool, enz.

93. Vallarta-dip

Opbrengst: 16 porties

INGREDIËNT

6½ ounce tonijn uit blik -- uitgelekt

1 Groene ui -- gesneden

3 eetlepels Hot chili salsa

4 eetlepels Mayonaise

8 takjes koriander, of naar smaak

Citroen- of limoensap

Zout naar smaak

Tortilla chips

ROUTEBESCHRIJVING

Roer in een kom tonijn, ui, salsa, mayonaise en koriander door elkaar. Breng op smaak met citroensap en zout; pas andere kruiden naar smaak aan. Serveer met frietjes.

Snijd de groene ui in stukken van 1 inch en doe ze in de processor met een stalen mes. Voeg koriandertakjes toe en verwerk 3 tot 5 seconden. Voeg tonijn, salsa, mayonaise, citroensap en zout toe; pulseer een paar keer om te combineren.

Proef, breng op smaak en pulseer nog een of twee keer.

Haal ongeveer 30 minuten voor het serveren uit de koelkast.

94. Verse gekruide tomaten-maïs salsa

MAAKT ONGEVEER 31/2 KOPJES

INGREDINTEN

6.10-ounce pakket bevroren maïs of

4 aren verse mais, van de kolf gesneden

1 grote rijpe tomaat, in blokjes gesneden

1/2 middelgrote rode ui, klein gesneden

1 jalapeño peper, zonder zaadjes en in blokjes gesneden

3 eetlepels balsamico azijn

2 eetlepels gehakte verse basilicum

2 eetlepels gehakte verse koriander

zeezout naar smaak

ROUTEBESCHRIJVING

Doe alles in een grote kom en meng goed.

Laat 1 uur op kamertemperatuur of in de koelkast staan om de smaken te laten trouwen.

95. Guacamole van witte bonen

Maakt ongeveer 3 kopjes

INGREDINTEN

2 licht verpakte kopjes grof gehakte/gesneden rijpe avocado

1 kopje witte bonen 1/2 theelepel zeezout

2-21/2 eetlepels citroensap

Water, naar wens te verdunnen

ROUTEBESCHRIJVING

Doe de avocado, witte bonen, zeezout, citroensap en water in een keukenmachine of blender en mix tot een gladde massa.

Breng op smaak met extra zout en/of citroensap.

96. Zoetzure geroosterde paprika's

Maakt ongeveer 2 kopjes

INGREDINTEN

3 rode paprika's of 2 rode en 1 gele paprika

Ongeveer 2 eetlepels milde witte wijn of rode wijnazijn

1 teentje knoflook, gesnipperd

1 theelepel suiker Zout

ROUTEBESCHRIJVING

Rooster de paprika's boven een open vuur op de top van een gasfornuis, of onder de grill.
Plaats de paprika's in de buurt van de warmtebron en draai ze terwijl ze koken, zodat ze gelijkmatig verkolen.
Haal de paprika's van het vuur en doe ze in een plastic zak of in een kom. Sluit of dek goed af en laat minimaal 30 minuten stomen; de stoom zal de schil van het vruchtvlees van de paprika's scheiden. Paprika's kunnen tot een nacht in hun zak of kom worden bewaard.
Schil en gooi de zwarte, verkoolde schil van de paprika's weg, verwijder vervolgens de stengels en zaden. Spoel de meeste kleine stukjes zwart verkoold materiaal van het vlees door ze onder stromend water te plaatsen en hier en daar te wrijven. Een paar vlekjes zwartgeblakerde huid, evenals gebieden met ongeschilde peper die achterblijven, is prima.

Snijd de paprika's in plakjes en doe ze in een kom met de azijn, knoflook, suiker, een flinke snuf zout en ongeveer 1 eetlepel water. Dek goed af en laat minimaal een dag afkoelen.

97. Chutney-curry mosterd

Maakt ½ kopje

INGREDINTEN

¼ kopje milde Dijon of volkoren mosterd met 1 kopje mangochutney

½ theelepel kerriepoeder

ROUTEBESCHRIJVING

Combineer alles.
Genieten van.

98. Mosterd met sjalotten en bieslook

Maakt ¼ kopje

INGREDINTEN

¼ kopje milde Dijon-mosterd

1-2 sjalotten, fijngesnipperd

2 eetlepels gehakte verse bieslook

ROUTEBESCHRIJVING

Combineer alles.
Genieten van.

99. Verse gembermosterd

Maakt ongeveer ¼ kopje

INGREDINTEN

2 eetlepels milde Dijon-mosterd

2-3 eetlepels volkoren mosterd

1-2 theelepels vers geraspte gepelde gember, naar smaak

ROUTEBESCHRIJVING

Combineer alles.

Genieten van.

100. Zonovergoten mosterd met citrus

Maakt ongeveer ¼ kopje

INGREDINTEN

¼ kopje milde Dijon-mosterd

½ theelepel fijn geraspte citroen- of limoenschil

1-2 theelepels vers citroen- of limoensap

ROUTEBESCHRIJVING

Combineer alles.
Genieten van.

CONCLUSIE

Hoewel het moeilijk is om fout te gaan met dit gerecht, zelfs in de meest basale vormen, zijn deze quesadilla-recepten het beste van het beste.

Van quesadilla's met garnalenceviche tot steakquesadilla's met geroosterde tomatillo- en appelsalsa en quesadilla's met pompoen, appel en gekaramelliseerde ui, deze recepten zullen quesadilla's voor altijd als je Mexicaans eten verstevigen.

Genieten van!

www.ingramcontent.com/pod-product-compliance
Lightning Source LLC
Chambersburg PA
CBHW070642120526
44590CB00013BA/819